Adelbert von Chamisso, Erst Ferdinand Kossmann

Fortunati glückseckel und wunschhültlein

Adelbert von Chamisso, Erst Ferdinand Kossmann

Fortunati glückseckel und wunschhültlein

ISBN/EAN: 9783744655521

Hergestellt in Europa, USA, Kanada, Australien, Japan

Cover: Foto ©ninafisch / pixelio.de

Weitere Bücher finden Sie auf **www.hansebooks.com**

№ 54/5.   Neue Folge No. 4/5.

Deutsche Litteraturdenkmale
des 18. und 19. Jahrhunderts

herausgegeben von **August Sauer**

FORTUNATI
GLÜCKSECKEL UND WUNSCHHÜTLEIN

EIN SPIEL

VON

ADELBERT. VON CHAMISSO

(1806)

AUS DER HANDSCHRIFT ZUM ERSTEN MALE HERAUSGEGEBEN

VON

E. F. KOSSMANN

STUTTGART

G. J. GÖSCHEN'SCHE VERLAGSHANDLUNG

1895

Druck von Carl Rembold, Heilbronn.

Einleitung.

I. Die Entstehung von Chamissos Fortunat.

Als im Oktober 1805 das Berliner Regiment Götze
Marschordre in einen unbestimmten Krieg bekam, sah
sich der 25jährige Lieutnant von Chamisso aus all seinen
Träumen und Lebensplänen gerissen. Vermeinte er
doch gerade an einem geistigen Wendepunkte zu stehen,
und nun versagte ihm das Schicksal, der inneren Stimme
zu folgen. Er hatte schon längst unwillig seine unnütze
Thätigkeit und, die Wurzel alles Uebels, seine mangel-
hafte Bildung in sich erwogen, er hatte nun auch einsehen
lernen, dass Verseschmieden um die Wette, Veröffent-
lichen derselben in einem selbst redigierten Musenalmanach höchstens einigen angesungenen Damen schmei-
cheln könne (Varnhagen, Denkwürdigkeiten[2] 1, 304),
aber keine Weiterentwicklung in sich schliesse und
keinen Ernstdenkenden, am wenigsten ihn selbst, dauernd
befriedige. So wollte er nun — seine Freunde Varnhagen und Neumann waren ihm hierin vorangegangen
— von vorn anfangen, und hatte zu diesem Zwecke,
wie jene, mit aller Energie das Griechische ergriffen.
Im Frühling wollte er dann Urlaub nehmen, um die
Zustimmung seiner widerstrebenden Familie zu erringen,
und dann — ja, was dann, das wusste er selbst noch
nicht, aber jedenfalls den Degen niederlegen und stu-
dieren.

Auch im Dichten, und hierin ging er weiter als seine
Freunde, musste mit dem bisherigen gebrochen werden;

das 'Dichtisieren' durfte nicht mehr die so wichtige Zeit 'zerfetzen'. Der unter der Presse befindliche dritte Jahrgang des Musenalmanachs sollte der letzte sein. Zu diesem Entschluss führte vor allem die Erkenntnis, dass die meisten seiner bisherigen Gedichte 'gemacht' waren: 'Werde ich einmal von innen heraus müssen, wird mich ein anders gestalteter Wille ergreifen' — doch mögen der entschiedene Misserfolg des Almanachs und speziell die höhnischen Recensionen, so leicht man sie auch zu nehmen versuchte, diese Erkenntnis nicht wenig gefördert haben.

'Der Krieg scheint alle meine nächsten Hoffnungen aus dem Grunde ausgerottet zu haben, ich habe gelitten, und habe mich endlich darin gefunden, — aber mein redlicher Wunsch wird mir vielleicht auch nicht gewährt, dass ich doch zum Lohne alles Hingeopferten, den Schauplatz der wildesten Wirksamkeit der Kräfte sich mir eröffnen sehe, und das stürmische Gewirr des Krieges.' Die Befürchtungen des Jünglings sollten sich nur allzusehr erfüllen. Dreizehn Monate dauerte der Feldzug, erst lächerlich langweilig, dann verächtlich, zuletzt schändlich endigend mit der feigen Uebergabe Hamelns. Nicht in neue Bahnen, aufs Feld der Ehre, wurde der Bahnsuchende gerissen, er wurde nur aufgehalten auf dem ihm vorschwebenden Wege; nicht mit grossen Erlebnissen durfte er sein inhaltbedürftiges Inneres füllen, nur Jämmerliches bot sich ihm dar. Die einzige Gefahr, in die er geriet, war die elende, als Franzose im preussischen Heere standrechtlich erschossen zu werden.

Der Anfang freilich liess sich, im Ganzen betrachtet, so übel nicht an. In mehreren Quartieren sehen wir ihn seinen Homer weiterlesen und sich in das neue Testament vertiefen, und auch seine philosophischen Träumereien setzt er fort (an Neumann, 17. November 1805); ja er wünscht sich den gottseligen Böhme, um ihn zu geniessen, und bestellt Aischylos und Goethe

in der Göttinger Bibliothek. Aeussere Anlässe ver-
leiten ihn auch, seine 'entsaitete Lyra neu zu bespannen',
den herzlichen Pfarrerstöchtern in Rautenberg singt er
am 6. November ein zartes Dankgedicht in Stanzen,[1])
der schönen Freundin Sophie Sander schickt er am
14. November ein tiefes Sonett,[2]) der unglücklichen
Auguste Klaproth am 4. Dezember ein inniges Lied,[3])
in bissigen Terzinen verhöhnt er am 9. Dezember seinen
Kompagniechef,[4]) in einigen nicht weniger mutwilligen
Dezimen, wahrscheinlich am 18. Dezember, giebt er
auch sein Scherflein zur Verspottung Garlieb Merkels,[5])
daneben entsteht ein sentimentales Klanggedicht 'Sehnsucht', vermutlich Anfang Januar[6]), und endlich fallen
in diese selben Tage die ersten Versuche, seine kleinen
Weltbeobachtungen in Epigramme zu giessen.[7])

Anders das zweite Vierteljahr. Im Februar bricht
die frische Stimmung zusammen. Das Idealbild eines
gemeinschaftlichen Studiums mit den Freunden ver-
zerrt sich ihm, da er es fest ergreifen will, und er
fühlt sich, 'in bangen Träumen schlafend, gebunden
und gehalten, während die Zeit vergeht und fort und
fort rinnt.' Nichts könne er anfangen, nichts vornehmen,

---

[1]) 'Des Harzes Riese ward von mir erschaut', abgedruckt Deutsche
Dichtung 4, 288; eine Variante in dem Briefe vom 28. September 1806;
aus einem Notizbuch Chamissos sehe ich, dass die Angesungenen
Sophie, Adolfine und Friederike Cammann hiessen.
[2]) 'Als zu den Trümmern', ungedruckt, doch mehrfach in den
Briefen erwähnt. Es ist das 'Sonett' in dem Briefe vom 28. September.
[3]) 'Sehnsuchtlilie', ungedruckt, erwähnt in dem Briefe vom 28. September 1806.
[4]) 'Die Nase und der Braten', Seufferts Vierteljahrschrift 4, 184
[5]) Ungedruckt. Ueber die Testimonia Auctorum de Merkelio,
Kölln 1806, vgl. Varnhagen, Denkwürdigkeiten[6] 1, 350, Dorow, Denkschriften und Briefe 4, 111. Neumanns Schriften 2, 164, A. W. v.
Schlegel, Sämtliche Werke 2, 200 ff.
[6]) Ungedruckt, erwähnt in dem Briefe 28. September 1806, wahrscheinlich auch 8. Januar 1806.
[7]) Encheiridion, meist ungedruckt, vgl. die Briefe 8 Januar,
26. Februar u. ö.

er gehe zu Grunde. Kein Vers entsteht, seine einzige
Lektüre ist Tausend und eine Nacht. Endlich kommen
die Freunde ihn zu besuchen, die zweite Osternacht
besiegelt seinen Entschluss: Abschied und Universität.
Das Abschiedsgesuch wird eingereicht. Er fühlt sich
schon neugeboren, und schreibt sich in Adelberts
Fabel die gewaltige innere Bewegung vom Herzen
(18.—25. April 1806).

Aber das dritte Vierteljahr brachte neue Not. Erst
das gespannte Warten auf den königlichen Bescheid
'wie ein armer Teufel, der auf der Erde sitzt mit
rücklingsgebogenem Haupte und weit aufgesperrtem
Maule, indem der Zahnbrecher hinter ihm den Zahn
gefasst und — noch nicht auszieht'. 'Herzenslange-
weile' nennt er seinen Zustand, weil ihm die Ruhe zu
jeder Beschäftigung fehlt. Er liest Märchen, leichte
Lektüre, und beginnt selbst auch ein symbolisches Er-
lösungsmärchen in Goethe-Novalisscher Art zu schreiben, Das Märchen von dem lieben Gänslein.[1])
Am liebsten aber reitet er aus Hameln hinaus 'von
den Tambours weg zu den Nachtigallen,' bald hierhin,
bald dorthin. Endlich im Juli kommt der Bescheid,
dass, solange der Krieg dauere, der nachgesuchte Abschied verweigert sei.

Aus der Betäubung rüttelte den Enttäuschten
eine Einladung nach dem benachbarten Bade Nenndorf. Dort weilten zwei jüngsterworbene Freunde in
Apoll, Beiträger zum dritten Musenalmanach[2]) und
durch einen Besuch im September 1805 Chamisso persönlich bekannt: das Fouquésche Ehepaar. Er ritt
hinüber, und wundoffen wie seine Seele war, wurde sie
aufs heftigste erregt durch das Aussprechen mit den
weiterentwickelten Gleichstrebenden. Gespräche von

---

[1]) Mehrfach in den Briefen erwähnt; das flüchtige Konzept ist
erhalten, doch haben es Hitzig und Palm unbeachtet gelassen.

[2]) Von Frau Fouqué sind die Gedichte 'Von einer Ungenannten',
S. 11—19.

vier, von sechs Stunden, in denen alle Errungenschaften
des Geistes, alles Heilige der Seelen getauscht ward,
entrissen ihn der trüben Gegenwart. Ein zweiter Besuch vertiefte die Eindrücke des ersten. Wie sehr
man sich verstand und wie tief man aufeinander ein-
ging, zeigen Chamissos Berichte an die Freunde. Man
darf nicht an die weinerliche Selbstbiographie denken,
wenn man sich den Fouqué des Jahres 1806 vorstellen
will: der erste Günstling A. W. Schlegels, eben noch
durch einen voluminösen Brief des Meisters ausgezeich-
net,[1]) mit vier Bänden Poesien schon auf dem Markt, den
Kopf voll der grossartigsten Pläne, mit unerhörter
Leichtigkeit schreibend; dabei den alten Kriegsadel tief
in der Seele, zu Pferd ebenso furchtlos dreinsprengend
wie mit der Feder — so konnte niemand geeigneter
sein, Chamissos Leiden mitzufühlen, so vereinigte niemand in seiner Person mehr Rechte, ihn zu ermutigen.
Worauf schon Fichte und Friedrich Schlegel bei den
Nordsternbündlern gedrungen hatten, sich an ein
grösseres Ganzes zu wagen,[2]) dazu riss nun Fouqué
den Freund wirklich hin.

Freilich erst nach einigem Schwanken in der Wahl
des Stoffes. Der Geschichte von Schön Rosamund,[3])
die Fouqué ihm zur Behandlung empfahl, scheint Chamisso gar nicht näher getreten zu sein; schon das ihm
so fremde altenglische Kostüm und der historische
Hintergrund mögen wenig Verlockendes für ihn gehabt
haben. Das Märchen aber, das schon vor dem Besuch in Nenndorf begonnen war, wollte trotz wieder-
holter Ansätze nicht fortrücken. Hier, wo überhaupt
kein fester Stoff seiner Phantasie die Bahn wies, ver-

---

[1]) Vom 12. März 1806, gedruckt in Schlegels Werken 8, 142 und in
den Briefen an Fouqué, Berlin 1848.
[2]) Varnhagen, Denkwürdigkeiten[*] 1, 309. 338. Von Fr. Schlegels
Brief liegt mir Varnhagens Abschrift für Chamisso vor.
[3]) Fair Rosamond in Percy Reliques, Series II, Book 2, später von
Körner dramatisiert.

lor er den Boden unter den Füssen. Ein äusserlicher
Umstand kam zu Hilfe: Von Mitte August bis Anfang
Oktober nötigte ihn ein Fussleiden, das Zimmer zu
hüten. In dieser Zeit einer unverhofften Musse kam
dem Unschlüssigen das Volksbuch von Fortunatus
zu Gesichte,[1]) und er beschloss, seine Kräfte an diesem
Stoffe zu versuchen, und zwar nach dem Muster von
Tiecks Oktavian. Weder der Stoff noch das Muster
sind auffällig, ist es doch die Zeit der romantisch-er-
neuerten Volksbücher und -märchen, und war doch für
die dramatisierten der Oktavian das unbestrittene Muster.
Es sei nur an Oehlenschläger erinnert, der gerade in
derselben Zeit mit dem Manuskripte seines verdeutsch-
ten Aladdin Deutschland bereiste, und in der deutschen
Vorrede zu diesem Werke das Verhältnis der einge-
schlagenen Richtung zu Tieck litterarhistorisch festzu-
stellen sucht.[2]) Dass in Hameln nicht einmal ein Oktavian aufzutreiben ist, scheint Chamisso ein Charak-
teristikum für die Barbarei, in der er sich befindet.

Es ist bekannt, dass das Volksbuch 'Fortunatus
mit seinem Seckel und Wunschhütlein' in zwei selbständige Teile, die Geschichte Fortunats und die seiner
Söhne, zerfällt und dass daher alle Bearbeiter sich von
vornherein vor die Frage gestellt sehen, ob sie sich
mit dem zwiespältigen Stoffe abfinden (Hans Sachs,
Uhland, Tieck) oder eine Einheit der beiden Teile erzwingen (Th. Decker, ihm folgend die englischen Komödianten und einigermassen auch der Kasseler Dichter,[3]) Bauernfeld) oder ob sie nur einen der beiden Teile

---

[1]) Jedenfalls die Ausgabe 'Gedruckt in diesem Jahr', welche F.
W. V. Schmidt in seiner Uebersetzung von Deckers Fortunat (1819)
als allgemein verbreitet anführt, die ich aber leider nicht benutzen
konnte.

[2]) Varnhagen und Neumann studierten Tieck in Hamburg 1804/6,
Neumann richtete sogar ein Sonett an ihn über den Oktavian, vgl.
Neumanns Schriften 2, 162.

[3]) P. Harms, Die deutschen Fortunatusdramen und ein Kasseler
Dichter. 1892.

herausnehmen wollen.[1]) Chamisso entschied sich für das letzte: sein Stück hebt erst ein Jahr nach Fortunats Tode an[2]). Damit fällt die Hypothese des jüngsten und geistreichsten Chamissobiographen[3]) in betreff des mutmasslichen Grundgedankens des Chamissoschen Spieles. Walzel nämlich hält den Satz, Weisheit sei mehr als Reichtum, für die Moral des Volksbuches und meint, sie sei es, die den Dichter zu dem Stoffe gezogen und sie habe er sicherlich zur Idee seiner Dichtung erhoben. Wenn aber überhaupt, so kann doch diese Idee nur für Fortunat selbst, zur Not für die ganze Geschichte als Familiendrama (vgl. Deckers Behandlung), sicher aber nicht für den zweiten Teil allein gelten. Auch Walzels weitere Vermutung, dass die 'blendende' Gestalt der Agrippina es gewesen sei, die Chamisso gerade zum zweiten Teile des Volksbuches hingezogen habe, dass sie seine Lieblingsfigur gewesen, und dass Cérès Duvernay ihm 'von Anfang an vorgeschwebt haben dürfte', ist in allen ihren Teilen durchaus abzuweisen. Dass der dramatische Bearbeiter die geschlossene Fabel des zweiten Teiles dem zwiespältigen Ganzen oder gar dem rein epischen ersten Teile vorzieht, bedarf überhaupt keiner Erklärung; die Andolosiafabel, die doch wohl den Grundstock der ganzen Erzählung bildet, ist in der That ein selbständiges abgerundetes Ganze, wie die verwandten Volkserzählungen

---

[1]) A. v. Sternberg, Fortunat, ein Feenmärchen (1888. 2 Bde.) musste unberücksichtigt bleiben.

[2]) Es ist kein Vers aus dem ersten Teil vorhanden, dagegen wird Wichtiges aus demselben erzählungsweise in die exponierenden Scenen eingeflochten, und Chamisso selbst nennt die Scenen bis zur Abfahrt eine Art Vorspiel — Beweis genug für den, der etwa aus dem Briefe vom 28. September 1806 herauslesen möchte, dass der Dichter auch den ersten Teil in den Kreis seiner Dichtung zu ziehen beabsichtigte.

[3]) Chamissos Werke, herausgegeben von Dr. O. F. Walzel (Kürschners National-Litteratur).

und -märchen zur Genüge beweisen. [1]) Und gerade Agrippina ist sicherlich viel weniger Chamissos Lieblingsfigur als die Quelle seiner Leiden gewesen. 'Agrippina hat mir am meisten Kummer gemacht', schreibt er gegen Ende der Arbeit, und drei Monate nach dem Abbruch derselben (Walzel sagt unrichtig „als der Plan beinahe schon aufgegeben war") sehen wir ihn nach Zügen aus dem Leben für seine Agrippina spähen. Der Grund liegt auf der Hand: der Dichter sah hier die Grenze seiner Kraft. Eine solche Prinzessin Urraca [2]) aus der Erzählung zu dramatischer Sinnlichkeit zu beleben, ist eine ganz andere Aufgabe, als die Rolle des Helden mit schönen Rednerblumen zu umkränzen. Und von Cérès sollen gar die Farben zum Bilde genommen sein, von Cérès, mit der seine Korrespondenz eben 'die höchste Wichtigkeit' für ihn bekam (Brief vom 7. September)! Gerade als er an den Fortunat ging, muss ja jener wunderliche Brief von Cérès angelangt sein, der ihn veranlasste, ihr seinen treuherzigen Heiratsantrag zuzuschicken. 'Tu connais la simplicité de mes goûts, la fortune ne saurait me tenter, une chaumière, une bibliotèque et un tendre ami peuvent seuls faire [mon] bonheur', schreibt Cérès am 16. August, und, während er am Fortunat dichtet, erwidert Chamisso 'trouvons la chaumière et je t'offre le tendre ami.' [3]) Und sie sollte ihm als Agrippina vorgeschwebt haben!

Freitag den 22. August 1806 begann Chamisso frischweg den ersten Dialog zu dichten, ohne noch mit sich im klaren zu sein, wie sich das ganze Stück aufbauen solle. 'Bis zum Grundstein habe ich aber noch nicht gebauet, — o wäre ich soweit nur. Wenn der

---

[1]) Gesta Romanorum Nr. 120; Grimm, Märchen Nr. 122, vgl. 3, 201 ff.; Schambach und Müller, Niedersächsische Sagen S. 310.

[2]) Chamisso kam eben von der Lektüre von Musäus' Märchen und grade Rolands Knappen tauchen noch im Schlemihl gelegentlich auf.

[3]) Briefe von Chamisso u. s. w. Aus dem Nachlasse Varnhagens 1, 155 ff.

da ist, so träget er bald das Gebäude', schreibt er am
folgenden Tage den Freunden. Innerhalb vierzehn
Tagen war das Werk auf 7—800 Verse, am 22. September bis zu 1111, am 22. Oktober bis zu 1758 Versen
vorgerückt. Ein gleichzeitiges Notizenblatt Chamissos
setzt uns in den Stand, den äusseren Verlauf der Arbeit
genauer zu begleiten, denn er arbeitete 'nicht von Anfang an, wie im Feld, sondern hie und da, wie im
Garten, wie es ihn das Herz lehrte'. Die Scenen ent-
standen in der Reihenfolge: I, II, XI, XIII, XIV,
XVI, XVII 1—105, IV, XII, IX, XV, VII, III,
VIII, V, X, VI, XVIII, XVII 105—111, XIX, XX,
XXI. (Im Manuskript sind die Scenen nicht beziffert.)
Von der inneren Entwicklung des Fortunat ist jedoch nur wenig bekannt. Das Ziel war hoch genug
gestellt. In den Juligesprächen hatte Chamisso mit
Fouqué die Theorie einer neuen Dichtung besprochen,
„die eines Drama, des höchsten vielleicht, wo die für
sich höchst tragischen Figuren das höchste Komische
gebären, und wiederum die für sich höchst komischen
das grässlichste Tragische. Shakespeare und die deutschen Puppen zeigten uns oft Strahlen unsres Ideals."
Man erkennt die Verbindungsfäden zu Fr. Schlegels
und Novalis' Ideen über Ironie und zu Tiecks dichte-
rischer Praxis. Ein solches Drama nun sollte der
Fortunat werden — und hier ist wohl auch der Hebel
anzusetzen, wenn man, wie Walzel, die Frage aufzu-
werfen wagt, was den Dichter zu diesem Stoffe gezogen
habe: Aeusserlich schon, noch weit mehr aber innerlich,
enthält die Andolosiafabel in der schlichten Darstellung
des Volksbuches Humor und Tragik in inniger Durch-
dringung; all diese fürs Laienauge überkalkten Farben
konnten laut genug den Künstler um ihre Befreiung
ans Tageslicht anrufen. Aber der Mut stand dem
Dichter nicht hoch. Nach den ersten 7—800 Versen
schreibt er den Freunden: 'Was ihr erhaltet, wird doch
noch fernerer Umänderung sehr unterworfen sein. Ich

will alle Kräfte aufbieten, zu denen meine Freunde
mehr Zutrauen haben als ich — werde glauben, sehr
früh fertig worden zu sein, wenn der Winter ihn sich
ründen sieht. Ich will, sag' ich, alle Kräfte aufbieten,
er soll allen ein Probirstein werden, der in mir zu er-
nährenden Hoffnungen des Dichterberufs. Fällt die
Probe, was ich ahnden kann, sehr demütigend aus, so
gräme ich mich darum nicht zu todt; muss ich auf
den köstlichen Besitz der schöpferischen Kraft Ver-
zicht thun, bleibt mir doch, die nichts mir rauben
kann, die empfangende, und also nenne ich mich fort-
an noch einen Dichter. Lust und Schmerz der Bemühungen selbst haben sich selber reich belohnt ... ein
dickes Buch wird es wahrlich oder nichts'. Drei
Wochen später (28. September) begleitete er die erste
Fortunatsendung mit einigen Worten, die ausser den
Andeutungen über den neugeformten Plan des Werkes
(s. unten) auch von der Arbeit selbst berichten: 'An-
haltend, angestrengt, aber langsam, langsam schreibe
ich nieder. Die Verse und den Reim bekämpf' ich mit
unendlicher Mühsamkeit ... ich habe für mehr als ein
Jahr ruhiger Arbeit daran'. Er hatte es sich freilich,
dem Oktavian auch in der Form nacheifernd, nicht
leicht gemacht,[1] ausser den Blankversen, vierfüssigen
Trochäen, Alexandrinern,[2] Trimetern, Anapästen, und der
Prosa sind da Terzinen, Assonanzen, zwei Sonette, ein-
undzwanzig Stanzen, acht Dezimen und vier Gedichte in
lyrischen, teils sehr künstlichen Strophen. Seines Er-
folges war er aber trotzdem noch ebenso unsicher als

---

[1] Es sei gestattet hier ein hübsches Wort des jugendlichen
Hebbel über Chamisso auszugraben: 'Er war ein sanfter, liebens-
würdiger Mann, aber er erzählte am liebsten grauenhafte Geschichten.
Ihm ging nichts über Bohäbigkeit, dessungeachtet schrieb er seine
besten Sachen in den kunstgerechtesten Terzinen'. (Sämmtliche Werke,
1891. 12, 49.)

[2] In Alexandrinern redet der König, auf dieses Versmass bezieht
sich daher der witzige Meinungswechsel zwischen den fremden Rittern
und dem Franzosen V 49—53.

vorher. 'Es rede für sich selber; ist es stumm, so muss
es auch gewiss taub geboren sein, und alles Bemühen,
hineinreden zu wollen, lohnte schlecht', und er wiederholt in den folgenden Briefen die Bitte um strenge Be-
urteilung, 'ich bin über das, was ich geschrieben habe,
so blind, als stünde es japanisch vor mir aufgezeichnet,
und ich müsste es beurteilen'. Die Antwort der Freunde
blieb aus. Anfangs Oktober heilte 'trotz aller Bemühungen der Aerzte' das kranke Bein, und so hatten
die 'schönen Tage der Einfüssigkeit' ein Ende; doch
rollten die Verse noch einige Zeit weiter. Vom 22. Oktober ist der letzte Eintrag auf dem erwähnten Notiz-
blatt, nur etwa zehn Verse sind noch nach diesem Tag
geschrieben, dann stockt die Arbeit infolge von äusseren
Hindernissen. Die Ruhr sucht ihn heim und, schlimmer
als das, er bekam einen lästigen Gast in sein Quartier.
Seinem Bruder Hipolyte berichtet er am 28. Oktober:
'... Voilà mon bulletin, mon bon ami, tout ce que
je pourrais y ajouter n'est rien de plus gai. Je ne
suis plus maître de mon pauvre petit bouge; un pauvre
diable, „que la gloire endurcie, qui se forme en caillou
au fond de la vessie," travaille d'une manière qui n'est
pas indifférente, est aujourd'hui maître de ma case, où
je ne suis presque plus que souffert — et cela est fort
désagréable. D'après tout cela, mon cher, tu jugeras
que ma bonne amie (je veux dire ma muse) ne trouve
plus l'heure de venir charmer mon obscure retraite; je
soupire et j'attends de plus beaux jours. 1700 vers, et
plus, sont la pierre d'attente de l'édifice que je veux
élever, et je nourris bon espoir, à tort peut-être; car
même cette consolation ne m'a pas été donnée jusqu'à
ce jour d'entendre la voix de mes maîtres et amis et
de recueillir leurs jugements sur les essais que je leur
ai envoyés ...' (Aus einem ungedruckten Briefe).
Anfang November wurde die Lage der Besatzung
ernster, die Franzosen rückten heran. 'Unsere Frohn-
dienste sind drückender geworden, und nur in späten

Stunden der Nacht, die ich dem Schlafe abborge, kann
ich zu meiner Feder kommen', 'Hunde-Arbeit muss ich
zollen, und darf fast nur für die Zeit des Schlafes
heimkommen — μαψ, ἀτὰρ οὐ κατὰ κόσμον'. Am 21. November fiel Hameln. Unterdessen hatte der Sturm auch
die Freunde ergriffen, die Universität Halle war aufgehoben worden, sie stoben fliehend auseinander. Chamisso eilte, sowie er seinen Pass hatte, direkt nach Frankreich; durch seinen Diener Bendel liess er aber, was seit
der ersten Sendung am Fortunat gearbeitet war, an Varnhagen besorgen. 'Da ich nun ganz vereinzelt bin', schreibt
er diesem noch auf der Reise (3. Dezember), 'ist es
mir wichtig, ein gründliches Wort darüber zu vernehmen;
ich werde vielleicht dort auf dem Lande Zeiten haben,
da ich daran wacker arbeiten können werde.' Ob Varnhagen diese Sendung erhalten hat, ist nicht bekannt,
kein einziges, den Fortunat betreffendes Zeugnis von
ihm ist aufzufinden. Es sieht aus, als hätten Unter-
drückungen stattgefunden. Im Januar 1807 erwähnt Chamisso einen 'herrlichen, viele Bogen dicken Brief Varnhagens', im März mehrere; diese müssen doch auch
auf den Fortunat eingegangen sein, und Chamisso wird
doch auch wohl repliciert haben. Dazu kommt, dass in
Varnhagens Denkwürdigkeiten, von welchen Varnhagen
(laut eines mir voliegenden Briefes vom 26. September
1836) die Chamisso betreffenden Partieen diesem erst
vorlegte, an dieser Stelle eine offenbare Lücke zeigen.')
Noch eine Zeitlang wird der Vollendung des Fortunat als einer natürlichen Sache erwähnt, die sich nur
durch äussere Hindernisse verzögert, so in dem Briefe
an de la Foye vom 16. Januar 1807, 'Ich habe ein
angefangenes Gedicht zu lesen und bei dir zu vollenden,
denn früher komme ich nicht wieder dazu. Keine

---

¹) Nach S. 414 (der 2. Auflage) musste Chamissos Thätigkeit in
Hameln und der Fall der Stadt, wenigstens aber Chamissos Abreise
nach Frankreich erwähnt werden, denn S. 452 wird dieser, den der
Leser noch in Hameln wähnt, aus Frankreich zurückerwartet.

metrische Zeile seit dorten', oder, wie schon erinnert,
am 27. Januar bei Erwähnung einer Kokette,[1]) die er
kennen gelernt hatte: 'Halten wirst du mich mindestens nicht, aber mir geben Dein Bild für meine
Agrippina.' Bei seiner Anwesenheit in Paris, Dezember 1806, hatte er Koreff in die Dichtung einge-
weiht, dieser schreibt ihm nach Vertus unter anderm:
,Ich war letzthin bei Frau von Staël und habe mit
A. W. Schlegel sehr viel von Dir und Deinem Fortunat gesprochen — er hat vortreffliche Bemerkungen
darüber gemacht, die ich Dir entweder mündlich oder
schriftlich mitzuteilen gedenke, je nachdem Du mir
über Deine Ankunft Nachricht geben wirst. Ich habe
auch sehr viel darüber nachgedacht, und guter Rath
ist hier also nicht theuer. Schlegel lässt dich freund-
lich grüssen und höchlich Dich und Dein schönes Ta-
lent ermuntern. Er hofft, durch mich bald von Dir
etwas zu sehen . . .' (Ungedruckt).

Doch er kam in Frankreich nicht zur Ruhe, und
die schmerzliche Enttäuschung, die das Zusammenleben
mit den Freunden in Deutschland (1808) brachte, hielt
alle dichterische Stimmung fern, 'Ich und die Feder
sind ganz entfremdet und zur Zeit mehr als je . . .
ich weiss nichts zu schreiben, als dass ich nichts zu
schreiben weiss, und in diesem albernen Kreise drehen
sich auch die wenigen kümmerlichen Briefe, die ich
schreibe' (an Rosa Maria 1808), 'Mein armer Fortunat
liegt da versiegelt auf meinem Tische, dem Eigenthum
gleich eines Verstorbenen; und ich blicke zu ihm mit
Wehmuth' (an Fouqué Oktober 1808).

So blieb das Werk liegen, unvollendet — aber
auch unvergessen; unvergessen vom Dichter und vor

---

[1]) Woher weiss wohl Walzel, S. XXXV, dass die 'junge, eben nicht
schöne' Kokette Namens Paulino, die in Vertus 'ihr Wesen trieb' und
Chamisso 'bei erster Sicht ihrer Bemühung würdigte', identisch ist mit
dem reichen, 'jungen, lieblichen Mädchen', welchesEltern und Geschwister
für ihn bestimmt hatten und das er in einem Briefe aus Troyes erwähnt?

allem unvergessen von einigen Freunden, die es kennen
gelernt. Für ersteres zeugt, dass Uhland, als er im
Frühling 1810 Chamisso in Paris kennen lernte, den
Fortunat zu lesen bekam; für letzteres, dass eben dieser
Uhland infolge dieser Lektüre Chamisso für einen
Dichter hielt, der dem Musenalmanache seines Freundes
Kerner besondre Ehre mache. 'Wie sehr würde es
mich freuen, wenn ich ihn [Kerner] durch Beiträge
von Ihnen überraschen könnte, was Sie gerade haben,
etwa Einiges aus Ihrem trefflichen Fortunat, denn aus
dem Eindrucke, der mir geblieben, weiss ich, dass
schon die Fragmente dieses Gedichtes sich lebendig genug
aussprechen' (Uhland an Chamisso, 23. Dezember 1810).
Und noch ein Andrer, den Chamisso den Paten seines
Fortunat genannt (28. September 1806), Fouqué, der das
Manuskript, d. h. vermutlich die Abschrift während Chamissos ersten Aufenthaltes in Frankreich in Verwahrung
hatte (vgl. Chamissos Brief, November 1807), behielt das so
frisch begonnene Werk lieb und schüttelte den Kopf, als er
sah, wie Chamisso seinen Andolosia liegen liess, um sich
bei Frau von Staël mit der Rolle eines Uebersetzers
und zweiten Liebhabers zu begnügen oder um sich in
der Uebersetzung französischer Tageslustspiele zu gefallen. Er schreibt ihm am 23. Januar 1809: 'Indem ich
gestern Abend die Feder niederlegte, und mich der
Nachklang des Dichtens lieblich durchbebte, und die
Gestalten der künftigen Composizion vor mir auf und
niederwogten, ergriff es mich plötzlich, wie es möglich
sei, dass Du nun schon seit so langer Zeit nichts gedichtet habest, Du, der die Fülle dieser stillen Seelig-
keit aus Erfahrung kennst. Ich bitte Dich herzlich,
mein lieber Bruder, stimme die Leier wieder, und singe
das wackre, kräftige Lied von Fortunatus weiter. Zwar
wird er Dir nun wohl ein ernstes Gesicht machen,
nach der langen Entfernung, aber ruf nur Deine ganze
innre Liebe auf und Du wirst ihn Dir schon wieder
zum heitern Gefährten gewinnen' (ungedruckt), und am

25. April 1812: '... Lass Du — so muss ich das Resultat meiner Kritik [über Konaxa vgl. Chamissos Werke' 5, 353] aussprechen — lass Du dem Theater Odéon seine Lustspiele, und dichte aus Deiner treuen, tiefen Brust etwas Eignes heraus, etwas wie die Scenen zwischen Ampedo und Andolosia im Fortunat und ihres Gleichen dorten, und belohne so meine deutsche Muttersprache für die Freudigkeit, mit der sie sich Deinem oft kühnen Wollen fügt' (ungedruckt).

Von einer Vollendung des Werkes selbst spricht jedoch sogar Fouqué nun nicht mehr — und in der That war dafür die Zeit vorbei; entdeckte doch einige Wochen nach diesem Briefe Chamisso endlich sein Berufsfach in der Botanik. Vier Monate später war er Berliner Student, Studierender mit Leib und Seele: 'Vergessen habe ich schon, dass ich je ein Sonett geschrieben, Gott verzeihe mir meine Sünden'; und er fühlte sich ganz an seinem Platz: 'Die Freunde selbst haben mir nie einreden können, dass ich zum Dichter geboren'. Das folgende Jahr, 1813, riss ihn freilich wieder aus dem wissenschaftlichen Geleise, aber die dichterische That, die ihn diesmal aus der Seelennot befreite, kann zugleich als der Schluss der Fortunatakten gelten: Nach dem S c h l e m i h l mit Fortunats Glücksseckel war ein Fortunat nicht mehr möglich. Der Auflösungsprozess begann, 1815 wurde der Wechselgesang, 1818 die Katzennatur in einem Almanach veröffentlicht.[1]) Dazwischen war zum Ueberfluss Tiecks Fortunat erschienen (1816), der allerdings nicht nur die Vollendung, sondern selbst die Veröffentlichung des Fragments unmöglich machte und wohl auch ein Grund war, dass Chamisso das Kind seiner Jugend mit so unerbittlichem Schweigen be-

---

[1]) Es ist freilich nicht bekannt, ob Chamisso diese Publikationen selbst veranlasst hat, seine Freunde scheinen freie Hand gehabt zu haben; schon im Dezember 1810 schreibt er: 'Mir fällt ein, dass ich erfahren habe, ein Pack Lieder aus dem Fortunatus von mir seien für das Vaterländische Magazin bestimmt worden.'

deckte. Das saubre, eigenhändige Manuskript hat er aber treulich unter seinen Papieren bewahrt. Der Güte seines jüngsten Sohnes, meines unvergesslichen Freundes Hermann von Chamisso, sowie der Liberalität des jetzigen Hüters des Nachlasses ist diese erste Publikation zu danken.

II. Analyse des Werkes.

I. Chamissos Stück hebt an mit dem Gespräche zwischen Fortunats Söhnen A m p e d o und A n d o l o s i a, welches zur Teilung der beiden ererbten Schätze führt (in der Simrockschen Ausgabe des Volksbuches S. 152). Bald wörtlich der Vorlage folgend (so 11, 80 f., ja sogar 42), bald weiterausführend, arbeitet der in Blankversen geschriebene Dialog die beiden entgegengesetzten Charaktere möglichst heraus. Diesem Zwecke wird geschickt ein Teil der Vorfabel nutzbar gemacht, indem jeder der Brüder Erlebnisse des Vaters zur Begründung seiner Lebensansicht anführt. Was der Dichter so aus den früheren Teilen des Volksbuches einflicht, die Erwerbung des Seckels, die Wahl zwischen Reichtum und Weisheit, die bestandenen Gefahren, wird jedoch nur obenhin angedeutet.

II. Mit dem Hinzutreten des P r o b s t e s erhält das Gespräch eine frei erfundene Fortsetzung, welche augenscheinlich die Exposition durch Realien aus dem Volksbuche kräftigen soll. Der Probst selbst ist aus den Angaben des Volksbuches geschöpft, wonach Fortunat nach seiner ersten Rückkehr unter anderm eine Probstei stiftete (Simrock S. 118), Vers 11 M e d u s a ist aus dem Ende des Volksbuches (Simrock S. 200) herübergenommen, Vers 47 L o r g a n u b Z u m R e g e n b o g e n

---

¹) 'Ich werde gehn in fremde Land' etc. Diese aus einem Briefe Chamissos bekannte, und in Kochs Ausgabe unter die Fortunatfragmente aufgenommene Stelle hat Walzel hauptsächlich zu der Annahme verleitet, das 'Vorspiel' behandle Fortunats Abenteuer. Unvorsichtig genug wendet er sich dabei gegen Palm, dem doch das Stück vorlag.

aus der Erzählung von Fortunats Heirat (Simrock S. 129 [1]).
Ueber die bürgerlichen und wirtschaftlichen Verhältnisse
der Brüder, ihren Charakter und ihr Ansehen giebt
diese Scene weitere Andeutungen, in die Handlung selbst
greift sie nicht ein; nicht als selbständige Scene, nur
als Fortsetzung der ersten ist sie aufzufassen: der un-
gestüme Drang nach Bethätigung und Bewegung, der
in der ersten die Hindernisse überwunden, geniesst sich
hier im Vorgefühl des Glücks. Dieser Steigerung des
Gefühls entsprechen die Stanzen, die Vers 10—17 und
Vers 48 bis zum Ende den Blankvers durchbrechen.
III. Andolosias Urlaub vom Cyprischen
Hof, eine erst später im Lauf der Arbeit eingeschobene
und unvollendet gebliebene Scene, durch welche der
Hof, der im Volksbuch von Fortunats Heirat her bekannt ist, eingeführt wird. In den Mund des Königs
ist ein weiteres Stück Vorfabel, Fortunats Heirat mit
Cassandra, gelegt; im Gespräche treten Andolosias adlige
Gesinnung, sowie seine allgemeine Beliebtheit hervor.
Ferner sind zwei Personen hier exponiert, deren beabsichtigte Funktionen im Stücke nicht mit Sicherheit
angegeben werden können: Der Prinz, der im Volksbuch erst bei der geplanten Heirat mit Agrippina als
24jähriger (Simrock S. 194 ff. 198) genannt wird, zeigt
sich jetzt schon, 13jährig,[2] als liebender Bewunderer
des 21jährigen Andolosia, und Graf Lymosi[3],) im

---

[1] Zacher bei Ersch und Gruber liest Larchonube; Simrock:
Larconube; ein Reutlinger Druck aus dem Anfang des XIX. Jahrhunderts, der sonst Chamissos Vorlage am nächsten steht, S. 83: Lor-
gann; eine holländische Version, Utrecht 1799: Larganube; die französische: Achanube; die englischen mussten unberücksichtigt bleiben
(über sie vgl. Herford, Studies in the literary relations of England
and Germany 1886. Apendix III).

[2] Auf dem S. XI erwähnten Notizenblatt hat Chamisso eine ge-
naue Zusammenstellung der Altersverhältnisse aller im Volksbuch auf-
tretenden Personen gemacht und daneben mehrfache Aenderungen
für seinen Zweck vorgenommen.

[3] So auch im Reutlinger Druck und in den holländischen und
französischen Uebersetzungen; Simrock: Limisso.

Volksbuch einer der Mörder Andolosias, aber erst vor
der Katastrophe selbst erwähnt (Simrock S. 201), erhält hier in der Bevorzugung Andolosias und in dem
spöttischen Wort des Prinzen einen Grund zu Neid und
Hass gegen den Helden.

IV. Abfahrt. Den eigentlichen Abschied 'Gut
Abenteuer geb euch Gott, Herr Ritter' (Vers 29) umspielt
ein Wechselgesang von sieben vierzeiligen Strophen
(4füssige Trochäen Reim aˇ b aˇ b), in welchem das Leben
und die Gefahren der sich Hinauswagenden denen der
Zurückbleibenden gegenübergestellt werden. Man bemerkt, dass in der fünften Strophe τὸ τοῦ πόλου ἄστρον als
Hort der Wandrer aus dem Leben des Dichters in die
Dichtung hinübertritt. An diese Strophen schliesst sich,
eine Art Epodos, eine zwölfzeilige Doppelassonanz
(ei-e: ar), in welcher das Grundmotiv alles irdischen
Strebens echt romantisch angeschlagen wird.[1]) Hesekiel
(Hempel 1, 448) hat das Gedicht dunkel genannt, doch
das kann höchstens noch für einen einzelnen sprach-
lichen Ausdruck zugegeben werden, wenn man den Zusammenhang (I 121, IX 22 u. ö.) in Betracht zieht, zu-
mal wenn man dabei über den Fortunat hinausschaut.
So zieht auch der Held des verworfenen Märchens vom
Juli 1806 planlos in die Welt, angezogen von dem ihm

---

[1]) 'Der Schatz' überschrieb Chamisso die Verse, als er sie 1835
in die dritte Auflage seiner Gedichte aufnahm; zwanzig Jahre früher,
bei der ersten Veröffentlichung des ganzen Wechselgesangs (Jahr-
buch deutscher Gedichte von Löst etc. 1815), waren sie 'Nach der
Abfahrt' betitelt; Palm änderte in seiner 'Nachlese zu den Ge-
dichten' (Werke⁴, Bd. 2. 1864) diese Ueberschrift in 'Auf hoher See'
und ihm folgten die späteren Herausgeber. — Auch eine wichtigere
Willkürlichkeit geht auf Palm zurück: dieser teilt a. a. O. zuerst die
zwölf Verse in drei Strophen ein, und so liest man in den neueren
Ausgaben mit stets zunehmender Bestimmtheit von den 'drei letzten
Strophen' des Wechselgesangs, welche Chamisso in dem 'Schatz' 'zu-
sammengefasst' habe (Hesekiel, Koch, Walzel). Weder Chamissos
eigene Redaktion 1835, noch die von 1815, noch das Manuskript selbst
rechtfertigen diese Teilung, und die durchgehende Assonanz wider-
strebt derselben durchaus.

noch unbekannten Ziele; seine Amme hatte ihm 'von
Jugend auf vielverschlungene, reiche, wunderliche Märchen erzählt, darin verschleierte Gestalten sich um einen
unzugänglichen Punkt kreisförmig taktmässig zu bewegen schienen.'
Mit dieser frei erfundenen Scene endet, wie Chamisso sich selbst ausdrückt, 'eine Art Vorspiel, und (wie
im Volksbuche) zehn Jahre älter') treten die Figuren
wieder auf und das Spiel spielt fort' (Brief vom
28. September 1806). Und zwar setzt es, wie alle früheren und späteren Bearbeitungen, sogleich in London
ein, da Andolosias Aufenthalt bei den Königen von
Frankreich (die Buhlereinovella stand vermutlich nicht
einmal in Chamissos Vorlage) Arragonien, Kastilien,
Portugal, Hispanien, sowie sein Anteil am Schottenkriege
der Darstellung keinen Stoff boten. 'Da fing er an zu
stechen der Königin und ihrer Tochter zu Lieb und
Ehren', sagt das Volksbuch, und an das Ende eines
solchen Turnieres führt die nächste Scene.
.   V. Einleitungsscene. Andolosias Waffenglück
stellt sich im Gespräch zweier Ritter dar, in welchen
zugleich die Welt der ritterlichen Gäste angedeutet
wird. Theodor, der zweite Feind und eigentliche
Mörder Andolosias, wird fast ebenso wie früher Lymosi
eingeführt als Besiegter Andolosias und ohne dessen
Zuthun deswegen Verhöhnter (1—35). Agrippinens
Schönheit und des Königs Unbedeutendheit werden im

') Ganz unglücklich beruft sich Walzel bei seiner irrigen Hypothese über das Vorspiel auf die Daten des Volksbuches. Andolosias
Reise sei nur auf 6 Jahre beabsichtigt gewesen und (so fügt er aus
unbekannten Quellen schöpfend hinzu) „dürfte noch weit weniger
lang gedauert haben". Die Abmachung war allerdings 6 Jahre, aber
der leichtsinnige Andolosia blieb so lange aus als sein Geld reichte.
Die von Walzel vermisste chronologische Angabe findet sich in allen
Ausgaben des Volksbuches sogar doppelt: Andolosia entlässt seine
Diener, die ihm 'bald zehn Jahr' gedient, und Ampedo ist bei Andolosias
Rückkehr froh, nicht mehr sparen zu müssen wie er nun 'zehn Jahre'
gethan.

Gespräch derselben beiden Ritter mit einem französischen Waffengenossen exponiert (36—61). Andolosia zeigt sich bescheiden in seinem Glück und erwirbt sich durch seine ritterliche Tugend und Grossmut in dem besiegten Gegner Rinaldo einen jungen Bewunderer und Bruderfreund (dieser Rinaldo ist dem Theodor ebenso gegenübergestellt wie in III. der Prinz dem Lymosi; welche Rolle diesen — frei erfundenen — Freunden im Stück bestimmt war, ist unbekannt). Sein Inneres straft jedoch sein äusseres Siegesglück Lügen, sei es, dass er nur, wegen seiner Geburt, an Agrippinens Gegenliebe verzweifelt (91 f.), sei es, dass er fühlt, dass hier sein Lebensgeschick auf ihn laure (106 ff.).

VI. Thronsal. Die Pracht des Hoffestes stellt sich in romantischem Versfeuerwerk dar. In dem konventionell gehaltenen Redeturnier treten die Einzelcharaktere nicht nur zurück, sie sind vielmehr aufgehoben, nur König und Narr (Prosa) heben sich von den andern ab, und zwar wird durch sie ein Schein von romantischer Ironie über das Ganze geworfen. Der Kanzler (Terzinen) dankt den Rittern für ihre Teilnahme an den Spielen. England sei ihnen dauernd Dank schuldig, denn nur scheinbar seien diese Feste jetzt vorbei und die Thaten der Ritter verklungen; wie alles in der Welt seien sie Samenkörner der Zeit, die am Tage der Erfüllung England Frucht tragen würden — ein Gedanke, der Chamisso in jener Zeit viel beschäftigte, z. B. auch in dem verworfenen Julimärchen — (1—40). Andolosia (Sonett, schwergereimt) weist diesen Dank zurück: Die Mannesthaten, die hier geschehen, seien nur eine der notwendigen Aeusserungen der thatbedürftigen Mannestugend; wenn in der Zukunft Gutes daraus entspriesse, so sei nicht ihnen, den unbewusst Handelnden, sondern Gott für dessen wunderbare Fügung zu danken. Sie dagegen seien England zu Dank verpflichtet, weil es ihnen diese festliche Gelegenheit zur Kraftentfaltung gegeben

habe (41—54). Im Namen der Frauen, zu deren
Ruhm gekämpft wurde, erstattet die Königin (Stanze)
den Kampfeslohn: der Frauen Dank (55—62). Doch
Theodorus (Stanze) weist auch dieses zurück; nicht
um Lohn, nur zum Ruhme der Frauen hätten sie gekämpft, dagegen nähmen sie ihn gerne als köstliches
Geschenk an (63—70). Agrippina schildert als
die treibende Kraft aller Feste und ihren eigentlichen
Reiz: die Wechselwirkung der Geschlechter; und be-
zeichnet den Rittern als der Mühe Lohn: das Andenken
an diese schönen Stunden (71—102; die künstliche
Strophe ist die der Lealia in Tiecks Octavian, Ausgabe
1804, S. 395, und ist von dort entlehnt). Den ersten
Teil von Agrippinens Weise nachahmend, nehmen die
Ritter diesen Lohn an, indem sie ihr Gedenken auf
Agrippinens Schönheit beziehen, der fränkische Ritter
nur als Frauenkenner, Rinaldo resigniert, Andolosia im
Liebeskampf (103—116). Der Narr fällt höhnisch in
die Melodie ein, und der König sagt in zwei platten
Alexandrinern alles, was eigentlich zu sagen war.

    VII. Agrippinens männergefährlicher Charakter
stellt sich in besondrer Scene und künstlicher Form
(Decarimen[1]) anfangs monologisch, dann dialogisch (mit
der Amme) dar. Anknüpfend an das eben Erlebte erscheint ihr das ganze Leben als ein Kampfspiel zwischen
den natürlichen Feinden Weib und Mann, der List
und der Stärke — und die Frau bleibt Siegerin
(21—40). Den unterliegenden Mann aber hat die
Natur so gut zum Spiel der Frau bestimmt als die
Fliege zu dem der Spinne (1 ff.) oder den gefangenen
Vogel zu dem des Vogelstellers (11 ff.). Der Hybris
stellt sich in der Amme die Warnerin gegenüber,
deren — jetzt verhöhnte — Worte auf den drohenden

---

[1] Chamissos erster Versuch in Dezimen ist wohl die derbe 'Antwort über Merkel' aus dem Dezember 1805, die in dem Brief vom
17. Februar 1806 erwähnt wird.

Schicksalswechsel, ja vielleicht auf den tragischen Ausgang weisen. Denn der dem Volksbuch fremde Ernst
der Amme an dieser Stelle kann seinen Grund in der
Aenderung des Planes haben, zu der sich der Dichter
erst in der zweiten Hälfte seiner Arbeit entschloss (er
teilt sie am 28. September den Freunden mit; unsre
Scene ist kurz vor dem 22. September gedichtet): Untergang aller Beteiligten.

VIII. Des Königs Neugier und der Plan
(Alexandriner, vermutlich um in den accentuierten
Reimen des Königs Täppischkeit zu malen; vgl. oben
S. XII Anm. 2 und den Schluss von VI; das Scenar fehlt,
weil die Scene sich direkt an VII anschliesst). Als Moment ist dem Volksbuch entsprechend die erste Ueber-
raschung über das beim Zimtfeuer gekochte Mahl ge-
wählt. Während dort jedoch des Königs Neugier sich
gleich an die richtige Quelle wendet (Simrock, S. 160),
fügt Chamisso erst den königlichen Rat ein, der, wie
immer, wenn es darauf ankommt, ratlos ist — dann
erst wendet sich der König 'ungern zwar' (vgl. V 48) an
die Frauen. Das zweite Motiv des Königs, die Geld-
gier ('Es ist als schöpfte er aus einem Brunnen, und
wüsste ich einen Brunnen, daraus Geld zu schöpfen wäre,
so wollte ich selber auch schöpfen') hat Chamisso kaum
angedeutet (23).

Aus der Handschrift ist nicht ersichtlich, ob zwischen den letzten Worten von VIII und dem Anfang
von IX ein Mehreres beabsichtigt war — wenn man
nicht das in IX fehlende Scenar als entscheidend ansehen will; das im Volksbuch folgende Gespräch zwischen Königin und Agrippina könnte, ohne der Deut-
lichkeit zu schaden, wegbleiben, da Agrippina sich in
VII zu dem Liebesbetrug fähig geschildert hat; und
ebenso der Empfang Andolosias bei Hofe, weil die
Situation in IX diesen voraussetzt — der Eindruck ist
aber doch der des fragmentarischen, und es ist ja auch
bekannt, wie wenig der Dichter gerade die Agrippinen-

scenen für vollendet hielt, da er noch im folgenden Jahre
für seine Agrippina Studien am Modell zu machen begehrte. (Vgl. oben S. X und die Briefe vom 27. Januar
1807 und 28. September 1806.)

IX. Die Entlockung des Geheimnisses
(5füssige Jamben, die in sechs zum Teil dialogisch
zertrennte Stanzen ausmünden) schliesst sich im allgemeinen an das Volksbuch (Simrock, S. 161—163) an;
nur ist versucht, den einfachen Gedankengang Andolosias: 'Mein ganzer Sinn ist auf das Weib gerichtet:
Ihr seid die schönste: darum begehre ich Euer am
heftigsten: seid mir zu Willen' mit allerhand Buntem
zu verbrämen, seine Liebe hat ein romantisch-mystisches
Fundament erhalten. Zur vermessenen Liebeswerbung
aber führt ihn ein Raisonnement, das, an sich ganz
richtig, dem Dichter in der Gestaltung so wenig ge-
glückt ist (Vers 55 'fröhnen'!), dass es psychologisch
schädigt, statt zu vertiefen. Agrippina ist durchaus
farblos gehalten, der sinnliche Inhalt ihrer Liebesworte
steht in peinlichem Kontrast zu der gespreizten Form,
so dass auch sie das Volksbuch mit seinem 'o du aller-
liebster Andolosia' lebenswahrer andeutet.

Das nun folgende Gespräch zwischen Agrippina und
ihrer Mutter, die Herbeischaffung des falschen Seckels,
die Unterweisung der Amme (Simrock S. 163 f.) sind
übergangen.

X. Katzennatur. Das bekannte Lied ist zwischen
dem 22. und 28. September, während der Ausarbeitung
der Anfangsscenen am Londoner Hof (V, VI), gedichtet.[1]
Es sieht an dieser Stelle aus wie eine Allegorie auf
Agrippinas Verrat, der so, statt dramatisiert, lyrisch
bedeckt wäre. Aber Chamissos briefliche Aeusserung,

---

[1] Zuerst veröffentlicht (durch Freunde?) in Försters Sänger-
fahrt 1818 unter dem Titel 'Volks- und Wiegenlied'; die Ueberschrift
'Katzennatur' gab ihm Chamisso, als er es 1827 der ersten Sammlung
seiner Gedichte einverleibte (Schlemihl, zweite Auflage. S. 149). Es war
neben 'Nacht und Winter' das einzige Gedicht der r. r. π. ä. Zeit das,
er in dieselbe aufnahm.

dass mit diesem Liede Agrippina Andolosia am schicksaligen Tage s e l b e r in die verderbliche Ruhe einwiege (28. September 1806), beweist, dass es seine Stelle in einer grösseren Scene finden sollte. Die (mindestens eine Woche früher gedichtete) Scene IX mag ihn haben zaudern lassen, sich augenblicklich schon weiter zu wagen in der Darstellung des Kampfes von sinnlichem Ungestüm mit der kalten List; sicher fühlte er den Mangel an Erfahrung (s. oben), vielleicht auch den des Gesichtspunktes, der ein poetisches Bild dieser Scenen möglich macht; denn das Volksbuch berichtet, dass sie 'gar zärtlich mit einander redeten' und Agrippina 'ihm der zärtlichen Trünke einen nach dem andern brachte'. (Trefflich bei Decker III, 2: 'And whilst my fingers wantoned with his hair'.)

Die Anregung zu diesem Gedichte gab vermutlich La Fontaines 'Le cochet, le chat et le souriceau.' Hier ist der Edelmausjüngling, welcher von der Schönheit einer Katze eingenommen ist, gegeben. Diese Vermutung wird noch gestützt durch die französische Uebersetzung, welche sich von Chamissos Hand unter dessen Papieren befindet (s. Anhang). Dass die französische Fassung nämlich Uebersetzung und nicht Original ist, ist schon aus diplomatischen Gründen (Korrekturen) wahrscheinlich. Chamisso wird sie etwa für Hipolyte, der des Deutschen kaum mehr mächtig war, und den der Bruder an all seinen Bemühungen teilnehmen liess, oder auch während seiner Beschäftigung mit den französischen Volksliedern (1807), infolge der inneren Verwandtschaft, gefertigt haben. In dieser Uebersetzung nun sind dem Dichter mehrere Wörter der Fabel, welche er wohl auswendig kannte, wieder in die Feder gelaufen, so souriceau, minois, œil luisant. An La Fontaines 'La chatte métamorphosée en femme' sei ebenfalls erinnert, diese findet der Mann 'mignonne et belle et délicate.'

Auch die folgende Scene, in welcher die königliche Familie über den geraubten Seckel Beschluss fasst, (Simrock, S. 164 f.), ist offen geblieben.

XI. A n d o l o s i a, e r w a c h e n d, u n d A m m e gleich nach der Anfangsscene (I, II) gedichtet und daher noch ohne tragischen Schatten; eine ganz andre Amme als in VII! Dieser Dueña steht der vierfüssige Trochäus gut an, und die ewige ö-e Assonanz malt den unerschütterlich ironischen Biederton der schalkischen Alten, mit dem die Prosaausbrüche Andolosias trefflich kontrastieren. Der Inhalt des Gesprächs entspricht dem Volksbuche ziemlich genau, nur dass dort das Komische ausschliesslich in der Situation, nicht in den Worten liegt; bei Chamisso dagegen das Lächerliche der Lage in allen Einzelheiten und mit kaum verdecktem Hohn von der Alten selbst an den Tag gezupft wird. Kaum ein Wort im Volksbuch, aus dem der Dichter nicht neue Spitzen schmiedet, vgl. z. B. 8 ff., 23, 26, 46 mit der Vorlage. Von den unterbrechenden Verwünschungen Andolosias ist die erste wörtlich dem Volksbuche entnommen. ·Auf diese übermütige Scene, welche die entsprechende bei Tieck nicht bloss an Umfang übertrifft (gewiss nicht auf die Katzennatur,[1] die damals noch nicht gedichtet war), bezieht sich vielleicht 'der Eindruck des Gewaltigsten Komischen', von welchem Chamisso am 7. September 1806 den Freunden berichtet.

XII. A n d o l o s i a s W o h n u n g.[2] 1—14: Andolosia und Lupoldus (in der Handschrift korrigiert aus 'Leopoldus', erfunden in Anlehnung an den treuen Leopold im ersten Teil des Fortunat). Die Entdeckung des Raubes geschieht wie im Volksbuch infolge der

---

[1] Wie Koch in seiner Ausgabe 1, 855 anzunehmen scheint; Walzel bekräftigt, ohne das Stück zu kennen, diese Annahme in der seinen S. 79, und setzt sie weiter ausgeschmückt als Faktum in die Einleitung S. XXXI!

[2] Vers 11 f. zitiert Chamisso in dem Briefe vom 12. März 1807. Es sind die Anführungszeichen in die Ausgaben einzutragen.

Selbsteinladung des Königs, deren alberne Motivierung aber weggelassen ist. Die zehn Pfennige, die Andolosia — entgegen dem Volksbuch — in dem falschen Seckel findet, hat Agrippina aus 'leichtsinnigem Uebermut' in denselben gelegt (Chamisso an Varnhagen, 28. September 1806 [1]).

15—54: Andolosias Monolog (Trimeter, die fünfmal in eine iambische Dipodie ausklingen). Die einzige Betrachtung Andolosias im Volksbuch, wonach das Unglück sich als Strafe für das übertretene väterliche Gebot darstellt, hat Chamisso an dieser Stelle nicht benutzt (vgl. XIV); es scheint, dass er Agrippineus Treubruch nicht durch die Schuld Andolosias habe schwächen wollen. Dieser ist entsprechend seiner romantisch-mystischen Liebesauffassung (vgl. IX) nicht nur um sein Gold und den Liebesgenuss betrogen, sondern um sein Ich und dessen Welt. Auf den Trümmern seines Glücks wendet er den Blick zurück, zu überschauen, wie es so hat kommen können, und findet einen Trost darin, dass es gerade seine Reinheit war, welche der Teuflischkeit deren, die er für einen Engel gehalten, die Waffe in die Hand gegeben; ja er überwindet den äusserlichen Verlust, indem er sich in eine rein ethische Sphäre erhebt, bis ihn der Gedanke an den mitberaubten Bruder zum Kampf um das Verlorene aufruft.

55—84: Andolosia und Diener. Der erste Schritt hierzu, der Abbruch der bisherigen Verhältnisse ist in genauem Anschlusse an das Volksbuch dargestellt. Den einzigen erwähnenswerten, gewiss bedeutungsvollen Zusatz enthält die letzte Zeile: Die treuen Diener wollen in Brügge auf die Rückkehr ihres Herrn warten. Was aber der Dichter damit beabsichtigte, steht dahin.

XIII. Palast zu Famagusta. Das kurze Ge-

---

[1] Bei Bauernfeld bietet sie ihm ein 'ärmlich Zehrgeld' und dingt, da er es nicht annimmt, einen Mörder.

spräch zwischen dem heimkehrenden Andolosia und
Ampedo vor dem Essen (29—40) ist fast wörtlich
aus dem Volksbuch genommen, ihm voran geht jedoch
ein frei erfundener Monolog Ampedos, ein Preis-
lied auf die Pfeife. Schon viel früher rechnete Chamisso die Pfeife „natürlich zum Brode" (Brief vom
15. August 1801), sie blieb ihm trotz Frau von Staël
ein Begleiter durchs Leben, wie auch seinem Schlemihl
'die Nicotina ein Surrogat für mangelndes Glück' ist.
XIV. Palast zu Famagusta. Die Brüder
unterhalten sich (1—40) über das Unglück ziemlich
mit den Worten des Volksbuches, wobei nur auffällt,
dass Ampedo, Vers 16 ff., seinen Bruder wie in der Vorlage tröstet, während der Verzweiflungsausbruch Andolosias weggelassen ist, der sowohl bei Simrock, als in den
französischen und holländischen Volksbüchern die Veranlassung dazu giebt. Vermutlich fehlte dieser aber in
Chamissos Vorlage, wie er auch in der Reutlinger Ausgabe
fehlt. ·Ferner bemerkt man, dass Andolosia (6 ff.) wie im
Volksbuche die Verletzung des väterlichen Gebotes als
Grund seines Unglücks angiebt, während in XII die
entsprechende Betrachtung des Volksbuches auffällig
ausser acht gelassen war. Nun sind aber diese Fama-
gustascenen XIII, XIV gleich nach I, II, XI lange
vor XII gedichtet, es ist daher möglich, dass die Ab-
weichung in XII die Folge einer Vertiefung des Planes
ist. — Um die Entwendung des Hütleins (41—52)
in derselben Scene und vor den Augen Ampedos möglich zu machen (Tieck macht zwei Scenen daraus,
Hans Sachs und die englischen Komödianten lassen
Ampedo erst hinausgehen) wird die Jagd des Volksbuches dahin abgeändert, dass der in II eingeführte
gemeinschaftliche Freund, der Probst, auf der Jagd
ist, und Andolosia vorgiebt ihn begrüssen zu wollen.
Andolosia wünscht sich gleich nach Venedig (wie bei
den englischen Komödianten), während alle Volksbücher
(auch Th. Decker) Genua nennen, und Florenz und

Venedig nur nebenher erwähnen. Einen witzigen Ab-
schluss erfindet sich Chamisso in den Schlusszeilen, in
welchen der bedächtige Ampedo sich als wahrer Raucher-
philosoph zeigt.

XV. Gewölbe der Edelsteine zu Venedig,
nach der flüchtigen Erzählung im Volksbuch (Simrock,
S. 170). Die einleitenden Worte dienen nur dazu, die
Kostbarkeit der Juwelen anschaulich zu machen. Eine
heitre Abrundung erhält die Scene dadurch, dass sich
der böse Handel als Erfüllung einer leichtsinnig aus-
gesprochenen Verwünschung (8, 39) darstellt.

Andolosias Ankunft in London, die Juweliers-
komödie bis zum Zauberwort 'In eine (wilde) Wüste'
(Simrock, S. 172) hat der Dichter noch offen gelassen.
Aus der folgenden Scene, sowie aus dem Briefe vom
28. September 1806 erhellt, dass Andolosia sich auch
noch taub stellen sollte; und aus demselben Briefe ersieht
man, dass Chamissos Vorlage ihn 'Edelgesteiner' nennt,
also, wie der Reutlinger Druck, zur Frankfurter Text-
familie gehört (Harms, die deutschen Fortunatusdramen,
S. 23).

XVI. Ein Rasenplatz unter zwei Apfelbäumen. Dadurch dass hier schon die zauberischen
Apfelbäume in die Scene gestellt werden, wird zwischen
XVI, XVII und XVIII, XIX die Einheit des Ortes
hergestellt, eine Veränderung, die auch Tieck vorgenommen hat. — Der Dialog hält sich bis zum Ver-
schwinden Agrippinas an die Vorlage, an dieser Stelle
setzt ein romantisches Kabinettstückchen ein: Aus dem
Laube des Baumes giebt sich Andolosia, ohne das Ver-
schwinden bemerkt zu haben, in feierlichem Sonett
seinem vermeinten Opfer zu erkennen; erst nach der
elften Zeile bemerkt er den Unfall; und nun muss die
letzte Terzine, welche mit dem Bilde des rollenden
Glücksrades die Rede triumphierend beschliessen sollte,
in wieder verschobener Bedeutung von dem Souffleur

ad spectatores vorgetragen werden, weil der arme Held
ohnmächtig vom Baum gefallen ist.

XVII. Der Fluch, den A n d o l o s i a hierauf nach
allen Seiten austeilt, sowie der Wunsch, sich und seinen
Bruder zu töten (Simrock S. 173 f.), ist mit verstärkten
Farben in assonierenden Trimetern wiedergegeben
(1—35, Assonanz u. a.). Die an Shakespeare¹) er-
innernden Kraftausdrücke zu Beginn sind wohl im
Hinblick auf die hörnerbildende Kraft der Aepfel ge-
wählt, und man könnte versucht sein, den Kuckucksruf,
welcher die ganze Scene akkompagniert, in demselben
Sinne zu deuten (Kuckuck als Hahnrei, s. Deutsches
Wörterbuch), aber das verworfene Märchen vom Juli
1806 beweist, dass er als d i a b o l i s c h e r H o h n ü b e r
d i e E n t t ä u s c h u n g aufzufassen ist: Wie der Mär-
chensohn vermeint die Liebe-Gänslein-Insul erreicht zu
haben, „da hat sich vom Gipfel des Berges ein Vogel
emporschwungen — nicht aber das liebe Gänslein, ein
Kuckucksvogel ist's gewesen und hat gar höhnisch und
gellend rufen, ob keiner die verlorne Mühe funden und
wer sie hätte".²) — Es scheint mir sicher, dass dem
Dichter dieser höhnende Ruf so gut gefiel, dass er ihn in
die neue Dichtung übernahm. — Hieran schliesst Chamisso mit lakonischem Uebergang ('Ich will mich fassen'
etc.) sofort das neue Unglück, die Hörner, während im
Volksbuch eine Nacht dazwischen liegt und der Ort
verändert. Ein düsterphantastisches Gedankenspiel, unbewusst schon durch die Hörner veranlasst, präludiert
(36—60, Assonanz i). Darauf folgt, ohne Anlehnung
an den farblosen Monolog im Volksbuch (Simrock, S. 174)
der neue Ausbruch, erst Wut und Verzweiflung aus-
drückend (60—75, Assonanz i), dann aber in witzige
Selbstironie umbiegend (76—105, Blankverse).

---

¹) 'Wir müssten . . . ein Wort sprechen, gewaltiger denn alle
Shakespeares Schwüre und Flüche'. Brief vom 17. Februar 1806.

²) Auch bei Tieck höhnt an dieser Stelle der Kuckuck, allerdings
neben andern Vögeln.

Als der Dichter später die sich anschliessende Ere-
mitenscene in Angriff nahm, und das Lied (XVIII),
noch nicht aber die Scene selbst (XIX) gedichtet hatte,
fügte er einige Uebergangszeilen bei (106—111):
Trefflich in dem angeschlagenen Ton der Selbstironie
verharrend, summt sich Andolosia mit dem Refrain seines
Delilaliedes in den Schlaf. Dagegen entsprechen die
jauchzenden Worte, mit denen er infolge des Eremiten-
liedes erwacht, besser dem Monologe des Volksbuches
als dem Chamissos, der eine solche Sehnsucht nach
Menschen kaum flüchtig andeutet (65) oder selbst ironisch
wendet (98 ff.); diese Zeilen sind übrigens merkwürdig
als Vorhall einiger berühmter Verse im Salas y Gomez.
    XVIII. Das Klausnerlied (vier siebenzeilige
Strophen, dreifüssige Iamben mit willkürlich doppelter
Senkung, Reim a b a b), das äusserlich an einen Vers in
Andolosias Monolog anknüpft (XVII 90), soll im Kontrast zu Andolosias rein irdischen Lebenskämpfen den
inneren Frieden, die äussere Zufriedenheit des vom Irdischen abgewandten reinen Geistes darstellen; bemerkens-
wert sind in der fünften Strophe 'der Gottheit Sehnsuchtsaugen' und das 'Emporsaugen des Atems'. Diese
Vorstellungen weisen unverkennbar auf Novalis, der ja in
Bezug auf Adelberts Fabel bereits als künstlerische
Quelle Chamissos bekannt ist (Walzel, S. XXV f.). —
Leider nur ist das Stimmungsbild im Guss missraten. Ge-
suchte und mühsam gestellte Reimwörter, vor allem die
hier mehr als irgend sonst weggelassenen Prädikate (vgl.
21—28!) machen einen peinlichen Eindruck und zer-
stören auch für schöne Worte und Gedanken jede me-
lodische Wirkung. Chamisso muss selbst nicht hoch
von dem Liede gedacht haben, sonst hätte er, der so
häufig in Verlegenheit war, dieses selbständige Gedicht
ebenso gut einmal aus dem Pulte gegeben wie den
Wechselgesang und die Katzennatur.
    XIX. Das Gespräch zwischen Andolosia
und dem Eremiten folgt genau, öfters wörtlich dem

Volksbuche; nur kleine ironische Wendungen sind bei-
gefügt, und dem armen Waldbruder ist auch noch seine
'Klause' weggenommen, er wohnt unter freiem Himmel.
— Schon die frommschlichte Erklärung der Wunder-
bäume ist in eine Stanze gegossen (die mit einem Hieb
auf allen Rationalismus beginnt), und nach Andolosias
frisch vorgetragener Bitte um die andern Aepfel, kri-
stallisiert sich das ganze Gespräch in dieser Strophen-
form. Erst antwortet in vier Strophen der Eremit:
Den schönen Gedanken der ersten (75 ff.) hat der
Dichter der Vorlage entnommen, und nur mit Gewalt-
thätigkeit ist es ihm gelungen, ihn in die Form zu
zwängen; aber in den folgenden, welche die warnende
Mahnung des Eremiten enthalten, schöpft er frei aus
der eigenen Brust hinzu: Das Ideal, das der Eremit
dem im Irdischen Befangenen hinstellt, die Freiheit, 'mitwollend ruhig, klar des Schöpfers Willen' ist der Mittel-
punkt seiner eigenen damaligen Lebensauffassung, das
ΣΥΝΘΕΛΕΙΝ aus Adelberts Fabel. Und wenn er Andolosia zum Kampfe gegen das 'Ungetüm', das 'eitle
Treiben, welches das Licht beleidigt' aufruft, lässt sich
an die allegorischen Weberinnen in demselben Märchen
erinnern, von welchen die innere Selbstmacht das Licht
giebt und die äussere Weltmacht finstern Widerstand
bietet. — In Andolosias Antwort, welche dem Text
'Diese Worte gingen Andososia gar nicht zu Herzen'
entspricht, ist der Hinweis auf ein tragisches Ende ge-
flochten: Ich lebe nur so lange ich ringe, ich fühle,
dass, wenn mir Erreichung gegönnt ist und dies 'eitle
Treiben' verblasst, ich dumpf ersterben muss. Die starke
Betonung, die diese Worte durch die folgenden Verse
erhalten, sowie die noch deutlicheren XX 100 f. erwecken
die Vermutung, dass Chamisso seinen Andolosia in der
That im Trübsinn enden zu lassen beabsichtigte.[1])

---

[1]) Veranlassung zu einer solchen Idee bot das Leben: Chamisso
kannte den gemütskranken Buchhändler Sander in Berlin, den
Gatten der vielgeliebten Sophie Sander; nun hatte er denselben

Der Abschied vom Eremiten beschliesst diese Scene;
die Beschreibung des Weges nach London ist wegge-
lassen, sie war vielleicht einer eignen Scene vorbehalten.
Der ganze zweite Londoner Aufenthalt Andolosias, mit
den beiden Verkleidungen als Apfelkrämer und als
Doktor, ist nicht ausgeführt (Simrock S. 177—187).
XX. Das Gedicht setzt wie in XVI mit der Verwandlung der Scene wieder ein. Den wilden wüsten
Wald hat dieses Mal der moderne Dichter an das
Meeresufer verlegt. Das Gespräch bewegt sich in vierfüssigen Trochäen mit u-Assonanz in den geraden Versen.
— Die lange Ansprache Andolosias an Agrippina
(Simrock, S. 188) ist mit den aus dem Zusammenhang
notwendig gewordenen Aenderungen (besonders 52 ff.
entsprechend XII 12 f. gegen das Volksbuch) wiedergegeben, mehrfach unterbrochen von kurzen Ansätzen
Agrippinas. Agrippinens schwerfällige Bitte um Ver-
gebung (Simrock S. 188 f.) ist in einen kurzen Angstruf
verändert, über den hinweg Andolosia wieder die ganze
Bedeutung des Vertrauensbruches für sein Leben in
Worten erschöpft (entsprechend IX 15 ff.) und durch
Verachtung ihre Verzweiflung schürt (61—80); auch die
folgende Antwort Andolosias (Simrock S. 189) ist er-
weitert durch den erneuten Hinweis auf den für beide
tragischen Ausgang (93—104). Im Folgenden ist der
Anschluss an das Volksbuch genauer, nur dass gegen
Ende die Dialogisierung lebhafter wird.

XXI. Auch in der sich anschliessenden Verhand-
lung vor dem Frauenkloster folgt der Dichter dem
Volksbuche Schritt vor Schritt, er steigert aber hier
mehr als irgend sonst die naive Darstellung desselben.
Feierliche Trimeter, die durch die knorrige Diktion noch
beschwert werden, am Schluss gewaltige anapästische

---

kurz zuvor in Pyrmont aufgesucht, weil der Kranke in den 'erschreck-
lichsten Zustand zurückgesunken' war (Brief vom 27./28. Juli, 6. August
1806, vgl. Z. Werner an Chamisso, 14. Februar 1806, Varnhagen, Denk-
würdigkeiten⁸ 1, 423, Dorow Denkschriften und Briefe 1, 72).

Dimeter, ausmündend in einen Einmesser, bilden die pomphafte Form für die wahrhaft pathetisch aufgefasste Scene. Gleich der Beginn greift weit hinüber ins allgemein Menschlich-Tragische, später in der Schilderung der das Kloster umgebenden Natur schwelgt der Dichter im Gigantischen, von Bildern und Gedanken ist überall die Sprache schier übersättigt, ja, in den letzten Worten Agrippinas schieben sich die Bilder für ein und dieselbe Wahrheit in- und übereinander. Es ist freilich auch die Hauptwahrheit des Stückes, die den Dichter so mit sich fortriss: Die Warnung der Amme (VII 41 ff., 61 ff.) ist Wahrheit geworden, der Uebermut ist zu Fall gekommen, und der unerbittliche Zusammenhaug alles Irdischen, auf den der Kanzler (VI 25 ff.) leise wies, hat sich ihr entschleiert.

Diese Anapäste sind das Letzte, was Chamisso an seinem Fortunat dichtete, sie sind nicht mitgezählt bei der Versberechnung, die am 22. Oktober abschloss. Das Stück bricht hier ab; wie es weitergeführt werden sollte, ist unbekannt. Nur das Eine berichtet der Dichter den Freunden: Ein völliger Untergang beschliesst, Agrippina geht am Ende mit zu Grund, und selbst das königliche Haus in Cypern. Auch Andolosias Schicksal sollte sich, so scheint es nach den Andeutungen im Stücke, anders vollziehen als im Volksbuche: Sein Leben und die Welt, in die er sich so begierig gestürzt hatte, sind durch den Betrug vernichtet; da er aber als Werkzeug der Nemesis vorerst weiter leben muss, zeigt sich der Zusammenbruch erst, nachdem er seine wahrhaft tragische Aufgabe gelöst hat; in Geistesumnachtung sollte sich vielleicht sein seelischer Tod äussern; für den körperlichen sorgten wohl die Feinde wie im Volksbuche.

Die unvollendete, zurückgelegte Jugendarbeit eingehend zu würdigen, ist hier nicht beabsichtigt. Man wird gerne einen neuen Blick thun in die Werkstatt

der jüngeren Romantiker,[1]), in das Dichten und Trachten
des Nordsternbundes; vor allem erwünscht aber mag
erscheinen, dass dieser Versuch an dem Jugendringen
einer so merkwürdigen und scharfen Dichterindividua-
lität, wie Chamisso ist, lebendiger und erfreulicher Anteil zu nehmen gestattet als die bisher bekannten Gedichte seiner 'Strebezeit' (Hempel 1, 453—494). Man
wird Fouqué beistimmen, dass er hier 'Eigenes aus
treuer, tiefer Brust' gedichtet hat, und dass die deutsche
Sprache sich im allgemeinen 'mit Freudigkeit seinem
oft kühnen Wollen' fügt (s. oben S. XVII). Gerade
dieser Kampf mit der Sprache ist gewiss eine der her-
vorstechendsten Eigenheiten wie des Mannes überhaupt
— denn er streckte erst im Tode die Waffen — so auch
dieser seiner Arbeit. In Faust und Fortunat ist den
Nachlebenden jener eigentümliche Reiz lebendig erhalten, den schon der Zwanzigjährige auf seine Freunde
ausübte: 'Am meisten aber und sichtbarsten kämpfte
er mit der Sprache, die er unter gewaltigen Anstren-
gungen mit einer Art von Meisterschaft und Geläufigkeit
radebrechte.' (Varnhagen, Denkwürdigkeiten ' 1, 284).

---

[1]) Es ist bedauerlich, dass die Vorarbeiten fehlen, um ohne um-
fassende eigene Untersuchungen den Jünger an seinen Meistern zu
messen; an B. Steiners 'Ludwig Tieck und die Volksbücher' (Berlin
1893) kann man sich nicht lohnen, da er nur den kleinsten und nicht
einmal wichtigsten Teil seiner Aufgabe behandelt.

Inhalt.

————

Seite

Einleitung III

   I. Die Entstehung von Chamissos Fortunat . . III

  II. Analyse des Werkes XVIII

Fortunati Glückseckel und Wunschhütlein, ein Spiel
von Adelbert von Chamisso (1806) I—XXI . . 1

Anhang: Chamissos französische Uebersetzung des Gedichtes „Katzennatur" 64

Anmerkungen 66

Lesarten 68

FORTUNATI

GLÜCKSECKEL UND WUNSCHHÜTLEIN

EIN SPIEL

VON

ADELBERT VON CHAMISSO

I.

(Prachtvolles Zimmer im Palaste Fortunati zu Famagusta)
(Ampedo. Andolosia.)

Andolosia. Es ist seit unsers Herren Vaters Tod
Das Trauer-Jahr verstrichen, und den Zoll
Der Thränen, in der Wohnung engem Raum
Verschlossen, haben wir ihm dargebracht,
5 Wie frommen Kindern es die Pflicht gebeut.
Ihm ward die Ehre, die den Todten ziemt.
Laß Bruder nun der Trauer uns vergessen,
Des Lebens und des Ruhmes uns gedenken,
In fremde Lande ziehen, und das Glück
10 Versuchen, das ihm günstig war und hold.
Ampedo. Wer wandern will, der wandre. Mich gelüstet
Nach Ehren nicht und Ruhm; ein andres Glück,
Ein stilleres, erkohren hab ich mir.
Ich will allhie zu Famagusta bleiben.
15 In diesem wohlgegründeten Palaste
Mich ruhig freuend köstlichen Besitzes,
Und dieser Schätze, welche mit Gefahr
Im Wechselspiel des Lebens und der Welt
Erwarb der Vater unter Wohl und Weh,
20 Mein Leben enden sorgenlos und frei.
Andolosia. Es ist nicht rühmlich, so die raschen Jahre
Der markbegabten Jugend thatenlos
In trägen Schlafes Arme zu verscherzen.
Ampedo. Es ist nicht weise, diese frohen Jahre
25 Des falschen Glückes reger Fluth vertrauen,
Wenn ruhiger Genuß erfreuen kann.

Anbolosia. Mir scheint Genuß nur Kampfes Ehrenpreis.
Ampedo. Nur in der Ruhe Schatten blüht er mir.
Anbolosia. Es schuf mich andern Sinnes die Natur.
Ampedo. Drum greifst du mich umsonst mit Worten an. 30
Anbolosia. Mich reizt die Welt, die offen vor mir liegt;
Sie zu erschauen treibet mich das Herz,
Die Kraft begehrt in fremder Kräfte Streit,
Mit Lieb' und Haß eingreifend, sich zu mischen,
Denn nur in Kampfes Mitten reift der Mann. 35
Und lasest du nicht, Bruder, jene Schrift,
Wo in des Alters Tage unser Vater,
Sein Herz erfreuend, seines Schicksals Bahn,
Was er erfuhr und lebte, aufgezeichnet,
Die, uns zur Lehre, sterbend er uns gab. 40
Ein Jüngling noch, da sprach er zu dem Ahnherrn:
Ich werde geh'n in fremde Land, es ist
Des Glückes in der Welt noch viel, ich hoffe
Zu Gott, es wird mir sein auch noch ein Theil.
Er sprach's und ging. Es trug der Strom des Lebens 45
Ihn liebend, den er starken Armes schlug,
Und als ein falscher Sturm ihn niederstieß,
Daß er des Todes nur gewärtig war,
Da hob ihn freudig hoch empor die Jungfrau
Fortuna selbst, nach der er hieß, und gab 50
Den Schatz ihm, den er treulich uns bewahrt.
Ampedo. Den zu verscherzen deines Trachtens Ziel. —
Und sahst du, Bruder, nicht aus jener Schrift,
Wie oft, in Noth und Angst auf seiner Bahn,
Das Kleinod Reichthum, das er sich erwählt, 55
Hinreißend ihn, er ausrief: hätt' ich doch
Herfür gezogen Weisheit diesem Gut.
Und mit Bedacht ich selber spreche nun:
O hätt er doch herfürgezogen Weisheit,
Und wie den Reichthum sie auf uns geerbt. — 60
Betrachte doch, auf welchen Irrweg schweift
Unsinnig dein Beginnen! Glück und Ruhm,
Du kannst in Cypern ihrer dich erfreun,

In Cypern ich des Gutes, das mich reizt.
65 Hervor in Ritterspielen leuchte du
Am Hofe unsers Königs, wie zuvor.
Mich laß des Hauses stillen Glanz genießen,
Denn dies zu schätzen ward mir der Verstand.
Andolosia. Der jedes Ungewöhnliche verlacht,
70 Extreme hasset, und die Mittelbahn
Versteckt im großen Haufen schleicht.
Ampedo.   Du nahmst
Das Wort mir aus dem Munde, anders nur
Es auszusprechen.
Andolosia.   Meine Bahn mag
Selbst die Extreme überschweifen. Drum
75 Die Kleinod laß uns theilen, und uns trennen.
Ampedo. Willst du denn brechen deines Vaters Wort,
Das auf dem Sterbebett' er uns geboten?
Besinne dich, er sprach, daß ungetheilt
Die Kleinod sollten bleiben und beisammen.
80 Andolosia. Ich kehre mich an seine Rede nicht,
Und ist er todt, so leb ich noch. — Wir theilen.
Ampedo. So nimm des Soldan's Hütlein. — Ziehe hin.
Andolosia. Das nimm, und laß Fortunens Seckel mir.
Ampedo. Wen in der weiten Welt sich zu bewegen
85 Der Sporen seines Herzens treibt, mir deucht,
Ihm müßte wohl ein Nützlicheres sein
Das Hütlein, das, auf leichten Wunsches Flügel,
Schnell durch des Raumes Gränzen trägt den Mann.
Andolosia. Ein Nützlicheres bleibet ihm das Gold.
90 Ampedo. Und nach dem Seckel auch begehrt mein Herz.
Andolosia. Der zehnfach unerschöpfliche Glücksseckel,
Den unser beider Tod nur leeren wird,
Der wird mit Recht von jeglichem begehrt,
Denn, Macht der Erde heißet doch das Gold.
95 Und ich, der Jüngste, muß dem Aeltern weichen.
Ampedo. Nicht also! — sind wir gleiche Brüder doch,
Nur gleichen Rechtes ende sich der Streit.
Andolosia. Von dem ein Dritter nicht erfahren darf.

Ampedo. Es hüte unfern Schatz Verfchwiegenheit.
Andolofia. Wohl, Ampedo, drum horche meiner Rede. 100
  So laß uns aus dem Seckel hundert Truhen
  Mit Gulden füllen, die behalte du.
  Und bleibe hie, und lebe wohl, — die wirft
  In deinem Leben du doch nicht erfchöpfen, —
  Und auch des Soldans Hütlein bleibe dein, 105
  Du kannft damit dir manche Kurzweil geben.
  Mir aber laß den Seckel, und ich will,
  Nach Ehren ftrebend, wandern durch die Welt.
  Sechs oder fieben Jahre bleib ich aus,
  Und wann ich wiederkomme, foll dir dann 110
  Auf eben folche Zeit der Seckel fein.
  Und alfo laß uns, nach des Wortes Sinn
  Des Vaters, ungetheilt den Schatz benutzen.
Ampedo. Ich wills. — Doch deiner zu entbehren wird
  Ein Schweres mir, ein Ungewohntes fein. 115
  Bleib hie! — Was zieht dich in die Ferne, fprich?
Andolofia. Es paßt für alle nicht Ein Glück, es ift,
  Wie jeder fie erfchaut, doch ihm die Welt.
  Denn lafen wir nicht aus denfelben Zügen
  Der Einen Schrift den eignen Sinn ein jeder? 120
  Und alfo leb ich, wie es mir genügt.
  Es zieht ein Sehnen mich, ein Ahnden hin;
  Erfahren wird und Leben mir vielleicht
  Befriedigung darreichen, aber Schmerz
  Müßt ich erdulden, wenn der Zwang mich bände, 125
  Und, wenn ich felbft mich bände, untergehn.
  Mit Reichthum ausgerüftet, der die Schwingen
  Dem freudgen Muth leiht, zieh ich in die Welt,
  Vielleicht mit Weisheit zieh ich heim, im Ringen
  Erworben, wie fie einzig mir gefällt. 130
Ampedo. Vielleicht auch Armuth wird dich heimwärts
                          bringen,
  Und Schmach, die gern der Armuth fich gefellt.
Andolofia. Ob fremde Mächte meine Loofe halten,
  Mich freut es, felbft mein Schickfals Buch entfalten.

II.

(Probſt tritt auf.)

Probſt. Gelobt ſei Jeſus Chriſt.

Ampedo.   In Ewigkeit.
Willkommen mir, Herr Probſt, ihr kommt erwünſcht.
Der Ritter Andoloſia zieht von hinnen.
5 Er will nach unſers Herren Vaters Beiſpiel,
Vertrauend eigner Kraft, die Welt durchwandern.
Ihn treibt ſein jugendlicher Muth; doch mich
Befällt der Trennung Schmerz, und freudenleer
Wird dieſer Palaſt mir veröbet ſcheinen.
Probſt. Mit euch der Segen Gottes, edler Herr.
10 Wann zieht ihr?

Andoloſia.   Nach Meduſa reit ich morgen,
Zu unſers Königs Hof, von meinem Herrn
Urlaub zu nehmen, und der dritte Morgen
Erblickt mein Schiff von dieſer Küſte fern.
Zu lange hält mich dieſes Haus verborgen,
15 Ich muß verſuchen meines Glückes Stern.
Es zeihen feiger Trägheit mich die Wellen,
Erſt wird's mir wohl, wann ſich die Segel ſchwellen.
Ampedo. Ich will, es ſoll, ſo lang der Bruder ausbleibt,
In unſrer Kirche für ſein Wohl und Glück
20 Ein fromm Gebet erſchallen. Trefft die Ordnung.
Auch den Bedürftigen in Famaguſta
Will ich durch eure Hand Almoſen ſpenden,
Daß Antheil ſie an meinen Wünſchen nehmen.
Ich werde in die Probſtei zu euch ſenden
25 Goldgulden ſiebzigtauſend, das Gefäll
Für euch und eure Chorherrn auf ſechs Jahre,
So viel empfahet ihr voraus, und für die Armen
Sind noch fünftauſend, ſo ihr mit erhaltet,
Ein Theil von unſerm Ueberfluß, beſtimmt.
30 Du billigſt, Bruder?

Andoloſia.   Alles.

Ampedo.   Rechnet drauf.

Probst. Der Wille meiner Herren wird erfüllt.
Das seinen Armen mild erwiesne Gut
Mög' ihnen reich vergeltend lohnen Gott.
Es werden gerne alle Herzen sich
Gesellen unserm Chore, denn wer liebt   35
Den milden, tapfern, jugendlichen Ritter
Den würdgen Sohn nicht des hochseeligen
Herrn Fortunati? Und wie dieser war
Selbst-Stifter seines Hauses hohen Glücks,
Das ungetrübt er selber lang genoß,   40
Fort mög' es auf die Sprößlinge vererben:
Und mögt ihr, Ritter, balde wiederkehren
Mit Ruhm gekrönt, ein Glücklicher, daheim.
Ampedo. Der Himmel höre euren frommen Wunsch.
Andolosia. Ich dank ihn euch, Herr Probst.   45
Ampedo.   Du reitest doch
Durch unsrer Mutter gräflich Schloß und Stadt
Zu Lorganub genannt zum Regenbogen.

Andolosia. Den Burgen werd ich frommen Grußes nahen,
Daß fern nicht ihre Bilder einst mich trüben;
Und, wo vom Vater Lehre ich empfahen   50
In ritterlichem Thun, der Wiese drüben;
Und auch den Forsten, die mich oftmals sahen,
Ein Kind annoch, die Lust des Waidwerks üben:
Von Freunden meiner Kindheit will ich scheiden,
Sie Freund behalten fern in Lust und Leiden.   55

Doch nicht die Stunde ist es nur der Worte,
Selbst sehen muß ich nach dem Glanz der Waffen;
Und niedersteigen muß ich zu dem Porte,
In unsere Galee die Mannen raffen;
Aus vierzig Reisigen an fremdem Orte   60
Ein standesmäßiges Geleit mir schaffen;
Zur Abfahrt müsse alles schnell sich rüsten,
Hinüber hoffend zu den fernen Küsten.

Ihr seht die Sorgen, welche meiner warten,
Drum gönnet, daß ich mich von euch entferne.   65

Ihr bautet lehrend meiner Jugend Garten,
Ihr wißt, ich horchte euren Worten gerne;
Nun heischt die Zeit, daß selber aus den harten
Geschickeszügen ich die Thaten lerne.
70 Ich gehe, mehr, Herr Probst, zu andern Zeiten.
Was ich gesprochen, muß ich itzt bereiten. (Ab.)
Ampedo. Ihr seht, Herr Probst!
Probst.   Der tapfre Jüngling wird
Zum Manne reifen nach der Vorsicht Rath.
Ampedo. Verzeiht, mir selber häufet die Geschäfte
75 Der rasche Zug.
Probst.   Ich laß euch, edler Herr!
Ampedo. Bei seiner Abfahrt sehen wir uns wieder.

(Probst ab. Ampedo, wie er allein ist, zieht den Glücks-Seckel
hervor und geht, indem er den Kopf bedenklich schüttelt, zu einer
andern Thür nach dem Innern des Hauses ab.)

III.

(Der Hof des Königs von Cypern zu Medusa. Der König. Zu
seiner Rechten der junge Prinz; Ritter und Edele. Darunter Graf
Lymosi. Andolosia tritt hervor und beugt ein Knie vor dem
Könige.)

König. Steh auf. — Ich sehe, Andolosia, dich
An meinem Hofe gern, dein Vater war
Mir werthgeschätzt, zu seiner Zeit, und lieb.
Ich selber gab die züchtge Jungfrau ihm,
5 Des Grafen Nimians letztgeborne Tochter,
Die dich gebar, Cassandram, zum Gemahl.
Ich habe ihres Glückes mich gefreut —
Dahin. Dein König teilte deinen Gram.
Du, solcher Eltern ein Erzeugter, hast
10 Dir selber früh erworben unsre Huld.
Es ehren dich die Waffen, die du liebst,
Ein Gutes bei dem Stechen thatest du.
Andolosia. Heil meinem König! möge nie von mir
Sich seine Gnade wenden. Ein Gesuch
15 Hab ich an eure Hoheit.

König.   Rede du.
 Ob es in unsrer Macht und billig ist,
 Wird gerne dir bewilligt dein Begehr.
Andolosia. Wollt Urlaub mir gewähren, gnäb'ger Herr,
 Daß ich in fremde Lande ziehen mag,
 In ritterlichem Wandel meine Jugend   20
 Zu üben nun beginne, und der Spur
 Des guten Vaters folge, den ihr lobt.
König. Du sprachst ein bill'ges Wort, drum, ob mit Lust
 Wir dich an unserm Hofe hielten, zeuch.
 Und mögen deine Thaten Cypern's Ruhm 25
 Erhöhen, aber nicht dein Herz vergessen
 Der Heimath, und zurück dich balde führen.
Andolosia. Es rufen heimwärts mich ein theurer Bruder
 Die vaterländ'sche Erde, eure Huld.
Prinz. Von hinnen, Andolosia, willst du zieh'n? 30
 Die Kunde zu vernehmen macht mir Schmerz.
 Der ich zum Manne bald erwachsen will,
 Gedachte nur allein von dir zu lernen,
 Wie man die Lanze bricht, das Roß bezwingt,
 Wie ich mit Lust dich üben sah und auch 35
 Es mir, dem Königsohne, ziemt zu thun.
Andolosia. Es sind, mein junger Herr, um eure Gnaden
 Zu unterrichten würdigere da.
 Ich habe nichts gethan, und euer Wort
 Ist mir beschämend, drum ich wandern muß. 40
 Ihr brecht wohl eure erste Lanze bald,
 Und wundert euch, wie leicht ein Spiel, das euch
 Den Durst nach bessern Thaten auch erweckt.
 Denn euer Arm und euer Herz sind stark,
 An eures Vaters Hofe bessre Ritter. 45
Prinz. Nicht einer, den ich liebte so wie dich.
Andolosia. Daß nicht ihr's reuen müsset, zieh ich hin.
Prinz. Ein wahres Wort, drum — gutes Abenteuer!
 Gedenke meiner auch im fremden Land.
Andolosia. Ein Würd'ger euch zu dienen kehr ich heim, 50
 So Gott es giebt.

Graf Lymosi.   Den Ritter Andolosia
Laß ziehen, gnädger Herr, es sind fürwahr
Noch andre Ritter da, die um die Gunst
Zu dienen eurer Hoheit sich bewerben.
55 **Prinz.** Graf Lymosi zählt unter ihnen sich.
Lymosi. Ja, gnädger Herr, doch lachen eure Hoheit.
Prinz. Ich seh den Purzelbaum dich immer schlagen,
Den vielbewunderten, vom sichern Stoß
Gehoben seiner Lanze, nicht fürwahr
60 Wirst du mit solchem Kunststück nun mir dienen.
Andolosia. Des Grafen Lanze führt auch sichern Stoß.
Es war ein Unglück, das ihn traf.
Lymosi (für sich, indem er zurücktritt). Der Knabe!
König.   —   —   —   —   —   —   —
      —   —   —   —   —   —   —   —

IV.

(Der Hafen zu Famagusta. Morgendämmerung. Die Galee
Andolosias, welche ein Fortunabild am Steuerruder führt, liegt
segelfertig im Hafen, eingeschifft ist schon sein Volk. Volksmenge
am Ufer. Wechselgesang.)

Auf dem Wasser. Ausgespannt das Thal der Wogen
Ist der kühnen Hoffnung Bahn;
Sterne an des Himmels Bogen,
Sterne auf dem feuchten Plan.
5 **Auf dem Festen.** Selbst dem Grund der festen Erden
Ist es weise nicht zu trau'n:
Wer verbürget uns, wir werden
Unsrer Saaten Halme schau'n.
Auf dem Wasser. Festes Land mit deinen Bergen
10 Wirst du unserm Aug' entflieh'n;
Dich in tiefe Fluth verbergen,
Stets der Himmel uns umzieh'n.
Auf dem Festen. Schweifend durch die öde Weite,
Wer doch hielte da den Weg;
15 Selbst oft an des Führers Seite
Irrt ein Wandrer auf dem Steg.

Auf dem Waſſer. Schauet, dort im ſtrengen Norden,
Jenes Sternes feſtes Bild;
Solch ein Führer iſt uns worden,
Ewig ernſt und ewig mild.

Auf dem Feſten. Wollt ungleichen Kampf begehen
Mit der Elemente Wuth,
Rechten mit des Sturmes Wehen,
Rechten mit empörter Fluth.

Auf dem Waſſer. In den Kampf auch freudig ziehen
Wir, wie in die Männerſchlacht;
Wiſſen, daß dem Muth verliehen
Ueber alles Weſen Macht.

(Andoloſia, begleitet von Ampedo und dem Probſte, iſt von dem
Palaſte zu dem Meere herabgeſtiegen: da er an das Ufer kömmt,
ſchweigt der Geſang, die Brüder umhalſen ſich und halten ſich
lange umarmt, Andoloſia macht ſich los und beſteigt ſchnell ſeine
Galee.)

Stimmen im Volk. Gut Abendtheuer geb euch Gott,
Herr Ritter.

(Andoloſia danket ihnen grüßend, erſt vom Verdecke des Schiffes,
gelehnt an dem Bilde des Steuer-Ruders. Das Schiff ſticht
alsbald in die See mit vollen Seegeln. Ampedo verbirgt ſein
Geſicht in die Bruſt des Probſtes.)

Geſang auf dem Schiffe (die Entfernung macht ihn bald
unvernehmlich, das Lied verhallt in der Ferne).

Fernher, aus geheimem Schreine,
Winkt ein Schatz ſo wunderbar.
Weiß allein ſelbſt wen er meine,
Und den Ort, wo er bewahrt.
Und wir ſtreben, und wir meinen,
Streben, meinen immerdar,
Schweifen durch des Lebens Weite,
Und verachten die Gefahr.
Wir begehren nur das Eine,
Wir begehren immerdar,
Immerdar auch will's erſcheinen,
Ach! verſchwinden immerdar.

V.

(Ein Saal im Königlichen Palaste zu London. Ein Thron ist
für den König bereitet, die Ritter Englands und viele fremde
Ritter sind versammelt und warten auf den König. Einzelne
Gespräche.)

Ein fremder Ritter. Geendet ist das Fest, es haben schon
Die Fürsten sich entfernt, und, die wir zogen
Aus weit entlegnen Landen gegen London,
Im freudgen Wahn zu lesen Ruhmes Ähren
5 Auf diesem sonn'gen Plane, ja vielleicht
Hervor aus leuchtendem Gewimmel funkelnd
Den Blick zu fesseln der Bewunderten,
Der alle Liebe huldigt, Agrippinens,
Mit Unmuth im getäuschten Busen, ziehen
10 Nun selber heim; verdunkelt, übersehen,
Mit wundem Herzen und nicht heiler Haut,
Von Cypern's gold'nem Teufel wohl belehrt,
Daß klüger, hätten Kosten wir gespart,
Die nur mit leichtem, nicht geschätztem Siege
15 Den Glanz ihm des Triumphes schwach erhöht.
Das ist die Hoffnung rückgeblickt vom Ziele.
Ein Zweiter. Die Hoffnung selbst ist stets das beste Gut.
Genuß ist flüchtig, Ueberdruß ertödtend,
Der Täuschung Einsicht aber ist der Kelch,
20 Der bittre, der am Ziele mehrstens tränkt,
Beglückt, der immer hofft und nie erlangt.
Der Erste. Vom Falle schmerzt noch heftig mir der Arm.
Nicht Andolosia's werd' ich je vergessen,
Und nicht der Spiele, welche hier gefeiert.
25 **Der Zweite.** Daß Er auch hat den Sattel räumen müssen
Vergißt ergrimmt ihm leichte nicht der Graf
Theodorus
Graf Theodorus (ein Engländer).
            Ihr nanntet meinen Namen?
Der zweite Ritter. Und rühmte eurer Lanze Kraft,
            Herr Graf,
Auch ich erprobte sie.

Graf Theodorus.   Am zweiten Tag —
          Beim ersten Anlauf hieltet ihr euch fest.   30
Der zweite Ritter.   Beim dritten Rennen ward ich
                    bügellos.
Der Erste.   Bei welchem aber gegen Andolosia
          War't ihr, Herr Graf, zur Erde doch getragen.
                    (Der Graf entfernt sich.)
Der Zweite.   Du nanntest, was er eben nicht begehrt.
Der Erste.   Dem stolzen Uebermuth und Neid sein Recht.   35
Fränkscher Ritter.   Der Kanzler läßt uns auf den
                    König warten.
Der erste Ritter.   Das ist der lust'ge raschgewandte Franke,
          Der beim Turnier kein Schlechtes auch gethan.
Der Zweite.   Zu welcher Zeit erhalten wir denn Zutritt
          Urlaub zu nehmen von der Königin,   40
          Und dieser Erde wundersamen Blume?
          Auch den erfreut, der seiner Dame dient,
          Das hohe Licht zu schau'n, der Fürstin Antlitz.
Der Erste.   Mitsammt dem König werden sie vielleicht
          In diesem Saal erscheinen.   Nicht fürwahr   45
          Um seinetwillen kamen edle Ritter
          Und starke Degen aus der Ferne her.
Der fränksche Ritter.   Ist der doch selber kaum am
                    eignen Hof.
Der Erste.   Wie schlecht gestellt und holpricht seine Worte.
Der Franke.   Verzeiht, die Sprache möcht' ich ihm nicht   50
                    tadeln,
          Er drückt sich edel und mit Anstand aus,
          Und auch in Frankreich, des Geschmackes Sitz,
          Erfreuten seine Worte, blieb er fern.
Der zweite Ritter.   Doch edler Ritter, sagt, wie euch gefällt
          Das Königliche Fräulein?   55
Der Franke.   Agrippina?
          Die wäre, wahrlich! selbst in Frankreich schön.
Rinaldo (Ein junger Ritter).   Beglückt, wer von der holden
                    Hand empfing
          Das Siegeszeichen dieser edeln Spiele.

Der Franke. Hier kömmt der wackre, und er trägt das
Kleinod,
Die edle Kette, um den Hals gehänkt,
60 Nach seiner höf'scher Sitte.
Rinaldo (an Andolosia, der eben aufgetreten ist.)
Edler Ritter,
Nicht wollt verschmähen meinen Gruß, mit Ehrfurcht
Betracht ich auf der starken Brust das Kleinod,
Das köstliche, dem Mächtigsten gereicht
65 Gebührlich von der Hand der schönsten Frauen.
Es trieb das Herz mich meine erste Lanze
Entgegen dem Gewaltigsten zu halten. —
Ich ward von euch besiegt.
Andolosia. Die Lanze traf
Geführt mit Sicherheit mir das Visir.
70 Daß, eurer nicht ein würd'ges, euer Roß
Gefällt ward unter euch vom kräft'gen Stoß
Zeugt der Gewalt allein des Lenkenden.
Daß eure Kraft ich würdige ein Zeichen
Vergönnt mir euch zu geben, nehmt das Roß,
75 Das ich an diesem Tage ritt, es wird
Nicht wanken und den starken Gegner
Erfreuet nimmer ihr mit leichtem Siege.
Rinaldo. Nein, Ritter, nicht des edlen Thieres, das
Sich unter euch des Sieges freute, wollt
80 An einen Unerfahrnen euch entschlagen.
Andolosia. Mir sind noch andre Rosse, schlagts nicht ab.
Der zweite Ritter. Dem nieder er gerannt die hohe
Schenkung!
Der Erste. Rinaldo möge des sich wohl erfreu'n.
Es ist der Rappen viele Hundert werth.
85 Rinaldo. Es sei, doch Ritter, wie ich euch bewundre
Auch inn'ge Liebe muß ich zu euch hegen;
Und zürnt das Herz auf eurer edlen Spur
Zu wandeln, Ritterruhm mir ärntend, kenn'
Ich nicht den Neid, die Freude nur allein
90 Daß ihr, ein Würdiger, auch seid beglückt.

Andolosia. Beglückt! und kann dein Blick durchdringen auch
    Die heimlichen Untiefen meiner Brust
    Des öden Kummers Schriften zu erschauen.
    Er spielt nur um die Kette, die sie deckt.
Rinaldo. Gewährt dem Jüngling eine kühne Bitte   95
    Empor gewagt im raschen Augenblick.
    Laß Ritterfreundschaft ewig uns verbinden.
Andolosia. Wir waren Freunde schon, wie Gute stets,
    Wann selbst sie nicht sich kannten, doch es sind.
    Und Brüder bleiben wir von Stunde an.   100
Rinaldo. In Kampf und Abenteuer mög' uns oft
    Vereinen des Geschickes heilge Macht.
Andolosia. Du ziehest nach Cicillien heimwärts nun.
Rinaldo. Nach Frankreich zum Turnier, es bindet mich
    Gesprochnes Wort, sonst würd ich wahrlich dir   105
    Und wo du zögest folgen.
Andolosia.   Fest gebannt
    Von dunkler Schickung bin ich noch allhie.
    Zu Lust, zu Schmerzen, schlummert unentdeckt
    Annoch in träger Zukunft schwangrem Schoß.
Rinaldo. Es darf der Sieger weilen, noch sie schauen, 110
    Sich wonnen noch in ihrer Augen Lichte
    Es muß der Arme namenlose flieh'n
    Mit süßen Schmerzen in verschloss'ner Brust.
    O wüßtest du . . .
Andolosia.   Ich seh'.
Der fränkische Ritter.   Es naht der Kanzler
    Zum Ueberfluß der König auch mit ihm.   115
Erster Ritter. Und mit der Kön'gin nahet auch die Fürstin.

VI.

(König. Kanzler. Rath. Andererseits die Königin, die Fürstin
Agrippina, die Damen des Hofstaats. Der König nimmt Platz
auf dem Throne. Die Königin und die Fürstin auf den Stufen, —
der Narr schleicht sich durch und nimmt Platz neben dem König.)
            (Fußfall der Ritter.)
Kanzler. Glorreiche Fremde, Ritter baar des Tadels,
    Vor Englands Thron' in dieser letzten Stunde
    Versammelt noch, ein Kern des fremden Adels;

Und ihr entsprossen dieser Erden Grunde,
Auf meine Worte richtet die Gedanken,
Der König spricht zu euch aus meinem Munde.
Die festlich ihr erschienen in die Schranken,
Vor edlen Frauen Lanzen stark gebrochen,
Bewahrend Rittersitte sonder Wanken;
Des letzten Tages Urtheil ist gesprochen,
Verstummt des Festes Reigen in den Hallen
Der Plan veröbet, wo ihr kühn gestochen.
Drum abwärts wollet ihr von London wallen,
Und euch zu andern Abenteuern wenden,
Da hier für euch die Zeiten schon verfallen.
Stets möge eigne Kraft euch Siegsruhm spenden!
Bevor ihr scheidet aber Kund gegeben
Werd' euch der Spiele Deutung, die nun enden.
Es scheint gesprochnes Wort rasch zu verschweben,
Das Lied ein gleiches Schicksal zu erfassen,
Und selbst vollbrachte Thaten zu entleben.
Es will die Luft den flüchtgen Schall verlassen,
Nicht der Moment, der zu der Vorzeit Tiefe
Sich ewig senket, Spuren hinterlassen.
Doch unverloren harret, was einst riefe
Die Zeit zum Dasein aus des Nichtseins Orte,
Ob Zukunftskeim es lautlos annoch schliefe.
Gesprochnes Wort dringt durch des Ohres Pforte,
Es lebt sein Leben in des Busens Schreine,
Und Thaten sind an's Licht erblühte Worte.
In Saamen schießt, was in des Tages Scheine
Geblühet einst, das Neue zu gebähren,
Und fort bis der Erfüllung Tag erscheine.
Und dieser Spiele Blüthen werden Ähren,
Daraus das Gold erreise froher Saaten,
Die Rittersinn und Tugend fortgewähren.
Und euch dankt Engeland, ob selber Thaten
Des eig'nen Dankes Kleinod in sich schließen,
Euch, daß aus euch die frohen Keime traten
Auf heimschem Grunde herrlich einst zu sprießen.

Der Narr. Hör 'mal Papa, ich habe ihn zwar eben so
wenig verstanden wie du, aber er spricht doch gut,
dein Kanzler, und mich dünkt, daß er in vielen
Worten gesagt hat, was ohne die vielen Worte ganz
klar geblieben wäre.

König. Schweig, Narr, was sollen die Leute denken?

Der Narr. Ho Ho!

Andolosia. Es kämpft ihr Kampf des Mannes Tugend   41
    machtvoll,
Gebährend sich in wechselnder Gestaltung,
Sie giebt dem eignen Blumenkelch Entfaltung
Und tritt herfür an Tagesstrahlen prachtvoll.
Geordnet ward vom Waltenden bedachtvoll,   45
Daß spielend sie die Saat der Forterhaltung
Selbst achtlos streue, doch die Weltverwaltung,
Auf daß sie sprieße, pfleget ihrer achtvoll.
Und nicht ist Dankes England uns schuldig.
Ob Saat entsprang des Spieles freud'ger Regung,   50
Wir wälzen ab von uns ihn ungeduldig.
Dem Waltenden allein des Dankes Spendung,
Und uns vor allen ziemet die Erlegung
Denn unsrer Freude ward die hohe Sendung.

Der Narr. Ja, der kann es doch noch besser!

König. Still!

Königin. Den edlen Frauen habet ihr zum Ruhme   55
Gebrochen eure Lanzen, und es sollen
Die edlen Frauen wohl des Dankes Blume
Gebührlich euch und treuen Sinnes zollen.
Erstritten ist sie euch zum Eigenthume,
Von euch sie weisen dürfet ihr nicht wollen.   60
Der edlen Frauen Dank auf Englands Grunde
Empfanget, Ritter, aus der Kön'gin Munde.

Theodorus. Ob edlen Frauen wir zum Ruhme brachen
Die Lanzen nach der alten frommen Sitte,
Doch Dankes nicht und Lohnes wegen stachen   65

Und mühten wir uns in der Schranken Mitte;
Der Damen Ruhm wir einzig uns verſprachen,
Das Herz nicht hegend eine andre Bitte;
Drum nicht als Lohn, als Schenkung werd die Blume,
70   Ein köſtlich Kleinod, uns zum Eigenthume.
    (Der Narr gähnt und nach ihm der König.)
Narr. O ho! Papa, das vertreibt uns gut die Zeit,
  aber ſchlecht das Gähnen.
71 Agrippina. Hoch herab von dem Balkone
    Leiſe Blicke zarter Frauen
    Zu dem Lanzengarten thauen
    Gerne, da der Kraftgeiſt wohne
75   Klingenden Glanzes.
Andre Blicke ſtreben raſch empor
Aus dem lichten Lanzengarten zu der Frauen Chor,
Die bang athmend der Entſcheidung harren und des
                Waffentanzes.
  Wie die Blicke ſich begegnen,
80   Wird der Spiele Luſt geboren:
  Strömen aus des Morgens Thoren
  Farbenwogen und beregnen
    Alle die Blüthen.
Mannen, Roſſe, Waffen, freud'ger Muth!
85 Roſen auf der Jungfraun Wangen flammen höh'rer Gluth,
Oder weiße Lilien ſchimmern wo die Roſen ſonſt erglühten.

  Aber auch im Schein der Kerzen
  Flammet gleicher Farbenſchimmer,
  Da durch feſterhellte Zimmer
90   Damen, Ritter, Herz an Herzen,
    Fliegen den Reigen.
Süße Schmerzen in der Töne Meer
Sich entzünden und verſchwimmen mit der Farben Heer,
Schmerz und Wonne eng umarmet wogend auf und nieder
                ſteigen.

95   Ach die Schranken ſind geſchloſſen,
  Hin die frohe Pracht der Farben.

Nicht entsprühen Funkengarben
Noch den Waffen. Rasch entflossen
Hellere Stunden.
Freude, Schmerzen und des Festes Lust 100
Nicht durchzittern bang und muthig wechselnd mehr die
Brust,
Nehmt zum Dank das Angedenken an die Freuden, die em=
pfunden.
Der fränkische Ritter. Dank und Angedenken tragen,
Herrin, wir aus diesem Lande,
Die wir sah'n auf fremdem Strande 105
Solcher Schönheit Sonne tagen
Blendender Strahlen.
Rinaldo. Angedenkenschmerzen stahlen
Herrin, Augen die euch sahen;
Ach es müssen, die euch nahen, 110
Stummer Sehnsucht süßer Qualen
Ewiglich warten!
Andolosia. Herrin, nicht im Lanzengarten
Wir die härtsten Kämpfe hatten .
In der Nächte stummem Schatten 115
Bange Kämpfe ihrer harrten,
Denen ihr nah'tet.
Narr. Narren, Narren, Narren, Narrethei!
Sengt euch an gemalter Lichtflamm' arme Fliegen frei.
Habt zum Dank das Angedenken, Narrenstreiche, die 120
ihr thatet.
(Läuft davon.)
König. Genug! es haben uns die Spiele sehr erfreut
Und ist uns selber leid, daß sie geendet heut.

VII.

Agrippina. Weh' der Mücke, da die Spinne
Ihrer Netze Fäden ziehet,
Sumsend fleugt sie hin und siehet
Die Gefahr nicht, die sich spinne.

5 Weh dem Ritter, da der Minne
Fäden zieht mit schlauem Sinn
Eine Schöne, wohl darin
Unbefährdet, unbefangen,
Spielend ihn zur Lust zu fangen.
10 In die Netze fleugt er hin.

Wurde doch uns nur zum Spiele
Diese Vogelart erschaffen,
Und wir üben unsre Waffen,
Uns ergötzend, nach dem Ziele.
15 Beute unsrer Jagden, viele
Eingesperrt im Bauer müssen
Für die flatternden uns büßen,
Die nicht ihre Freiheit gaben.
Einen solchen Vogel haben
20 Kann die Stunden uns versüßen.

Und ein Recht ist dies Verfahren.
Gilt euch doch der Stärke Recht,
List ist unserem Geschlecht
Stärke, müsset ihr erfahren.
25 Drum sich hüte vor Gefahren,
Und gehalten und bescheiden
Wolle Spiel und Kampf vermeiden
Mit dem Feind der schwache Theil;
Jeder sucht das eigne Heil,
30 Feinde wir durch Lust und Leiden.

Kämpfe, Spiele, andre Namen;
Kampfspiel ist das Leben nur.
Also folg ich deiner Spur,
Tapfre Feindesschaar der Damen.
85 Und die Minne muß den Saamen
Zu den Kampfesspielen streuen,
Die mich Siegerin erfreuen,
Wo ihr nur euch stellet muthig;

Leichter auf dem Felde blutig
Mag der Sieg ſich euch erneuen.

Amme (hat die letzten Worte gehört).

Siegesluſtig annoch heute,
Pflegeſt du des Uebermuthes,
Doch es bringet nimmer gutes,
Einmal wirſt du noch die Beute.

Agrippina. Alſo reden alte Leute!
Willſt du noch mich quälen, Närrchen,
Mit der Wucht der alten Märchen?
Fanget doch den Vogelſteller
Nicht der Vogel! freudger, heller
Blick ich's an, mein trautes Clärchen.

Willſt du alt die Jugend ſtutzen,
Will ich ihrer ſo genießen;
Doch die Lehren laſſe fließen,
Manches Wort kann ich benutzen.
Andre Narren ziehen Nutzen
Von der Weisheit andrer Thoren, —
Weisheit, Titel, lange Ohren, —
Nur die Klagen ſind zu ehren;
Drum ergieße deine Lehren,
Nicht doch gehen ſie verloren.

Amme. Magſt du immer, theures Kind,
Unbeſonnen mich verlachen,
Klugheit führt des Alters Nachen,
Und die Jugend fahret blind.
Jag' die Worte in den Wind,
Andre Tage werden kommen,
Deine Scherze ſchlecht dir frommen,
Und du meiner noch gedenken.
Nicht kann ſolches Wort mich kränken,
Wohl der Weg, den du genommen.

Agrippina. Hört ich doch dich öfters ſagen:
Alle Wege gehn zum Ziel.

Gute Amme, nicht gar viel
Will ich nach dem Ziele fragen.
75 Nur mit eig'nem Wort geschlagen,
Sollst du büßen ohne Säumen,
Daß du mich gestört im Träumen.
Aber sieh', mit dem Berather
Nah't mein Majestät'scher Vater,
80 Laß das Feld uns ihnen räumen.
(Ab.)

VIII.

König. Neugierig bin ich nicht, es schickte sich auch schlecht,
Das mögen Weiber sein, die haben wohl das Recht,
Ich aber bin ein Mann, ein König, was noch mehr ist,
Und bin es also nicht. Doch sage, ob nicht schwer ist
5 Zu denken, wie der Mensch in solcher hohen Pracht
Zu leben sich erkühnt? Der Aufwand, den er macht
Ist wahrlich unerhört. Wie will er das ausführen?
Wo kommt das Geld ihm her? Ich kann es nicht
ausspüren.
Er, ohne Land und Leut. — Ich habe dir erzählt
10 Vom heutigen Gelag. Da ihm das Holz gefehlt,
Bei edeln Spezerei'n, beim lautern Zimmetfeuer
Hat alles er gekocht. Das ist doch ungeheuer!
Des nicht zufrieden noch, er hat die Diener gar
Mir jeglichen beschenkt mit hundert Kronen baar.
15 Rath. Er wird das Geld, o Herr, von unsern Juden borgen,
Und Juden und Lief'rant vertrösten auf den Morgen,
Auch wird ein klägliches das Ende, das er nimmt;
Ins Wasser sinkt zuletzt der Krug, der oben schwimmt.
König. Das weiß ich sicher Freund, Geld giebt aus
seinen Buden
20 Nicht ohne Sicherheit das kluge Volk der Juden.
Auch hab ich dies erfragt, die Kaufherrn puffen nicht.
Er zahlt auf einem Brett', sie sehen sein Gesicht

Mit voller Freude nahn, mit halber nur ach meines.
Drum trafest du sehr schief, nicht rathe so Gemeines.

Rath. Ein schwieriger der Punkt; ich sinne hin und her   25
Und weiß nicht aus und ein, drum gönnet mir,
o Herr,
Um nachzudenken Zeit. Ich selber unberathen,
Wie eurer Majestät fürbaß Gescheites rathen?

König. So seid ihr, kluges Volk, wann eurer man bedarf,
Dann seht ihr schief; wenn nicht, dann, Ja! dann   30
seht ihr scharf.
Ein schwieriger der Punkt, das kann ich selber schauen;
Doch endet deine Kunst, so geh ich zu den Frauen.
Ich thu es ungern zwar, und ist es mir fatal,
Doch muß ich wohl es thun, ich habe nicht die Wahl.
Denn, hab ich's doch im Sinn, ich will und muß   35
dahinter.
Es läßt mir keine Ruh'. Schon seit dem vor'gen
Winter
Treibt er das tolle Spiel, und lebt in Saus und
Braus,
Ihn fichtet es nicht an, ihm geht das Geld nicht aus,

Rath. Es naht die Königin.
König.   Die kommt zur rechten Stunde.
Laß uns allein. Ich weiß, sie hilft mir zu dem Funde.   40
(Der Rath ab. Die Königin tritt auf.)

Königin. Heil werde meinem Herrn!
König.   Ich danke dir den Gruß.
Bei Andolosia herrscht ein steter Ueberfluß.
Erzählen will ich dir, wie er es angerichtet.

Königin. Ich weiß es alles schon, es wurde mir berichtet.

König. Und wer so eilig denn kam seinem Herrn zuvor!   45
Das Neue findet doch gar bald des Weibes Ohr.
Nun, da du alles weißt, so tilge meinen Kummer:
Wo nimmt er denn das Geld? — Das raubt mir
schier den Schlummer.
Du kannst, du sollst, ich will, erkläre mir das Ding,
So du mir da begnügst, verehr ich dir den Ring,   50

Du ſiehſt, er iſt von Werth. Wem kann er denn
    abſtreifen,
Was alles er verthut? Es läßt ſich nicht begreifen.
Königin. Noch weiß ich's ſelber nicht, und ſinne lange
    ſchon,
Ich habe mich bemüht, noch immer ohne Lohn.
Er hält es ſehr geheim, man muß es ihm entlocken,
Doch hat es Schwierigkeit; gleich bricht er ab und
    trocken,
Wenn man den Punkt berührt; doch weiß ich, wer
    vermag,
Was er in ſich vergräbt, zu rufen an den Tag.
Von Agrippina nur iſt ſolches auszurichten.
Gehorſam euch zu ſein, werd ich ſie unterrichten.
Sie ſpreche ihn allein, ich weiß er iſt ihr hold,
Er ſagt ihr ganz ſein Herz, da findet ſich das Gold.
König. So ſiehe ſelber wie am beſten es ſich mache.
Das Meine iſt geſagt, das Weitre deine Sache.

IX.

Agrippina. Es iſt zu hohem Dank euch angeſchrieben,
Daß mit ſo herrlich, feſtlichem Gelag
Den König ihr empfangen, edler Ritter,
So hoch beſchenket ſeine Dienerſchaft.
Nichts gleichet eurer Pracht, nichts eurem Muthe.
Andoloſia. Mein gnäd'ges Fräulein, redet nicht im
    Schimpf.
Agrippina. Ihr ſorget nicht, daß endlich euer Schatz
Sich leeren möge? ohne Land und Leut . . .
Andoloſia. Mich quälet nicht die Sorge. Nicht entweihe
Den Purpur eurer Lippen ſolches Wort.
Verächtlich iſt das Gold, wenn man es hat.
Agrippina. Geſegnen mögt ihr euren Vater, daß
Mit ſolchem Hinterlaß er euch erfreut.
Andoloſia. So reich als er geweſen, bin ich noch.

Agrippina. Auch er durchzog die Welt?
Andolofia. Doch andern Sinnes.
Agrippina. Wie Ritter, meint ihr das?
Andolofia. Ihn freute nur
Das fremde Land zu schauen, und die Sitten
Der Völker zu erkennen, die er sah.
Der Arme kannte nicht ein andres Glück,
Ihm ward zu Theil der dürftige Genuß;
Befriedigt zog er heim von dieser Erden.
Ein quälend unbegriffnes Sehnen trieb
Mich in die weite Welt, und ohne Rast
Durch vieler Herren Höfe mußt ich zieh'n,
Und fort mich sehnen, weit und weiter ziehn,
Und unbefriedigt ein verzehrend Dursten
Nach Unbekanntem tragen mit mir fort.
So fleugt ein muthig ungebändigt Roß
Den mitgetragnen Stachel, der es treibt,
Wann über Felder es den Lauf vollbringt.
Und also kam ich an des Königs Hof
In Engeland. — Da lernt ich erst mich kennen,
Begreifen mich, mein Sehnen und die Welt.
O gnädges Fräulein!
Agrippina. Redet weiter, Ritter.
Andolofia. Ich sah euch, und ihr müsset mich versteh'n.
Empfand, wie sich des Mannes Namen, Kraft,
Des Weibes Namen, Schönheit, offenbart.
Wie von einander ewig angezogen,
Entgegen kämpft die Kraft, entgegen blüht
Die Schönheit, und Erfüllung nur erscheint
Im Liebeleben, welches sie vermählt.

Gelöst das Räthsel mir zu ew'gem Grauen,
Muß mein begriffnes Sehnen mich verzehren,
Wenn Gegenhuld nicht eure Augen schauen,
Und nicht verklären des Verlangens Zähren,
Das nur vermehren kann der Stern der Frauen
Strafend mit Zorn verwegnes Begehren.

Ihr ſeid das Licht erſchienen mir der Sterne
Des Ahnden hin mich zog durch öde Ferne.

50   Des Königs Tochter ihr, ich ſchlichter Ritter,
Welch Glück wohl könnte meine Liebe krönen?
Das Glück allein ſie krönen, das der Gitter,
Der Schranken und der Feſſeln weiß zu höhnen.
Im Zorn auch ſtürme drohend das Gewitter,
55   Dem Liebeleben laſſe kühn uns fröhnen.
Mich hat ſo hart die Zwanges-Macht geſchlagen,
Nicht wollt, um was ich werbe, mir verſagen.

Agripppina. Wohl hold der Klang der Worte, edler
Ritter,
Die jetzt aus eurem Munde mir ertönen;
60   So hold erwacht der Saiten Klang der Zither,
Doch bald verweht des Windes Zug den ſchönen.
Es iſt der Glaube ſüß, der Undank bitter.
Ihr müßt euch meinen Glauben erſt verſöhnen,
Daß ſpäter nicht der Undank heiſche Klagen,
65   Ich hörte manchen Ritter, wie euch ſagen.

Andoloſia. Drum wappnet mich zu Thaten, nennt die
Proben,
Welch Abentheuer, welches Schatzes Hebung . . . . .
Agrippina. Ich muß in euch den glüh'nden Eifer loben,
Doch nicht den Muth, ich prüfe die Ergebung.
70 Andoloſia. Es hat den Muth die Liebe mir erhoben,
Sie reicht mir Kraft zu jeglicher Beſtrebung.
Agrippina. Die Quelle nennet mir von eurem Golde,
Vertrauen lohnt mit reichem Minne-Solde.

Andoloſia. So ſchwöret mir, daß nicht mit falſchem Hoffen
75   Ihr meinen Glauben trachtet zu bethören.
Agrippina. Und meiner Freuden Garten wird dir offen,
Und reifen, was die Worte nun beſchwören.
Andoloſia. So hat mich Glückes Uebermaß getroffen,
Und will dein holder Leib mir angehören.

Verkündet werde wohlbedachten Muthes   80
Und freudereichen Herzens, Quell des Gutes.
(Anbolosia zieht den Seckel hervor und wirft Gold in ihren Schoß)
    Auf dir mein Glaube. Werde nie bereuet,
    Was reiche Liebe wohlbewußt gehandelt. —
So lang der Sonnen mildes Licht mich freuet,
In ihrem Glanze noch mein Bruder wandelt,   85
Wird dieses Goldes reicher Born erneuet,
Von keiner niedern Sorge wir umwandelt.
Dies armselige Gold sei dir verehret,
Und mehr noch, und so viel dein Herz begehret.

X.

    's war 'mal 'ne Katzen-Königin,
            Ja ja!
    Die hegte edeln Katzen-Sinn,
            Ja ja!
        Verstund gar wohl zu mausen,   5
        Liebt' königlich zu schmausen,
            Ja ja! — Katzen-Natur.
    Schlafe, mein Mäuschen, schlafe du nur!

    Die hatt' 'nen schneeweißen Leib,
            Ja ja!   10
    So schlank, so zart, die Hände so weich,
            Ja ja!
        Die Augen wie Karfunkeln,
        Sie leuchteten im Dunkeln,
            Ja ja! — Katzen-Natur.   15
    Schlafe mein Mäuschen, schlafe du nur!

    Ein Edelmaus-Jüngling lebt' zur Zeit,
            Ja ja!
    Er sah die Kön'gin wohl von weit,
            Ja ja!   20

'Ne ehrliche Haut von Mäuschen, —
Der kroch aus seinem Häuschen,
Ja ja! — Mäusenatur.
Schlafe mein Mäuschen, schlafe du nur!

Der sprach: in meinem Leben nicht,
Ja ja!
Hab ich gesehen so süßes Gesicht,
Ja ja!
Die muß mich, Mäuschen, meinen,
Sie thut so fromm erscheinen,
Ja ja! — Mäuse-Natur.
Schlafe mein Mäuschen, schlafe du nur!

Der Maus: willst du mein Schätzchen sein?
Ja ja!
Die Katz: Ich will dich sprechen allein,
Ja ja!
Heut will ich bei dir schlafen,
Heut sollst du bei mir schlafen,
Ja ja! — Mäuse-Natur.
Schlafe, mein Mäuschen, schlafe du nur!

Der Maus, der fehlte nicht die Stund',
Ja ja!
Die Katz, die lachte den Bauch sich rund,
Ja ja!
Dem Schatz, den ich erkohren,
Dem zieh ich's Fell über die Ohren,
Ja ja! — Katzen-Natur.
Schlafe mein Mäuschen, schlafe du nur!

XI.

(Die Kammer Agrippinens am Morgen. Andolosia schläft noch
auf dem mit Trinkgeschirr und Confeckten besetzten Tische hin-
gelehnt. Die Amme spinnt am Fenster, wie Andolosia sich ermuntert tritt sie hinzu.)

Andolosia (gähnt, wacht auf, schauet um sich und richtet sich
auf.) Huaa! — wo? — was? Wo ist Agrippina
hingekommen?

Amme. Seid ihr, Ritter, wach geworden?
Wie so feste schlafen könnt ihr!
Was ich gestern auch mich mühte,
Euch zu wecken war nicht möglich.
Ihrem Lager erst entstiegen,
Meine Herrin zu dem König
Mußte eilen, daß nicht etwa
Er erschiene hier persönlich;
Denn daß euren Schlaf er störe, ·
Fand sie rathsam nicht noch nöthig.

Andolosia. Daß du vergingest, du alte Kupplerin,
warum hast du mich nicht geweckt? Mein Schlaf
ist nimmer so hart gewesen, hättest du mich nur
ein wenig angerührt, so wär ich erwacht.

Amme. Hab ich alles doch versuchet,
Schütteln, Pfeifen. — Ungewöhnlich
Ist wohl solcher Schlaf zu nennen,
Ob er nicht gar unerhört ist.
Habt ihr doch mit tausend Kronen
Gestern mich beschenkt gar höchlich,
Hätt ich dessen schon vergessen
Wär ich wahrlich eine Thörin.
Nein, ich war zu euren Diensten,
Wie mir Pflicht ist, angehörig.
Hätte gern auch euch ermuntert,
Daß euch sei die Nacht ergötzlich.
Aber ja, euch schien ein Beßres
Schlafen, als ein Glück so köstlich.

Hätt' euch auch für todt gehalten
Doch ihr ſchnarchtet allzu löblich.
Andoloſia. Hat dich der Teufel geritten, verfluchte Hexe ...
Amme. Sprecht nicht Ritter ſolche Worte,
Frommen Ohren gar anſtößig.
Müſſet auch nicht ſchelten wollen,
Nur ihr thatet, was nicht ſchön iſt.
Waret gegen meine Herrin,
So zu ſagen, nicht ſehr höflich.
Andoloſia. Agrippina, mein Gott! und was ſagte ſie denn?
Amme. Wollt ich auch es euch verhehlen,
Wüßtet ihr doch, daß ſie böſ' iſt.
Sie ward roth, und ward verlegen,
Nannt euch Schlafegut und Fröſtig;
Dann ergrimmt ob eurer Unart,
Nichts für ungut, ſchalt euch tölpiſch;
Wiederum mit guter Laune
Lobte ſie euch, zwar ſehr höhniſch;
Sagt', es wär ihr gut vergolten,
Und der Vorfall wäre göttlich.
Legte dann ſich leiſe nieder,
Doch der Schlummer war geſtört ihr.
Andoloſia. Verflucht! Daß ich doppelter Eſel ....
aber nein! was hatt' ich denn getrunken? ...
Amme. Ob die Metten ihr verſchlafen,
Seid auch darum nicht untröſtlich.
Sich zu härmen oder fluchen,
Hilft zu Nichts und iſt nur thöricht.
Nicht gehabet euch ſo übel,
Was verdorben, kann beſchönigt
Werden noch, und euch zu dienen,
Bin ich jederzeit erbötig.
Laſſet allen Kummer fahren,
Gutes Muthes ſeid und fröhlich.
Glaubt mir, die ich wohl ſie kenne,
Auf mein Wort, Herr, ihr verſöhnt ſie,
Und ich wende ſie zum Guten,

Und ſie bleibet euch nicht ſtörrig.
Müſſet ferner um ſie werben,
Und begegnet· ſie euch ſpöttiſch,
Dulbet, aber minnet treulich;
Wenn ſie habert, o dann ſchwör ich,
Iſt das Beſte euch geworden,
Wer doch habert unaufhörlich?
Liebeshadern, Frühlingsregen,
Zieht vorüber und verſöhnt ſich.
Doch daß wer euch hier nicht ſehe —
Kommet, Ritter, und vergönnt mir,
Daß ich euch von dannen leite;
Denn der Leute Mund gar ſchnöd iſt.
Aber werdet ihr geladen
Hier zum Andern und beköſtigt,
Nützet beſſer auch die Stunden,
Und verhaltet euch gehörig.
Einer Sünden Angedenken
Iſt nicht, glaubet, unauslöſchlich;
Aber wer zum zweiten ſündigt,
Wie ihr thatet, ja, da möcht ich
Selber ſagen, es iſt übel,
Iſt vielleicht der Liebe töblich.
Und wer eines andern rathet,
Iſt an Troſt wohl unerſchöpflich.
Andoloſia. Aber ....
Amme.   Kommt nur.
Andoloſia.   Aber ....
Amme.   Kommt doch!
Was ich ſage, glaubet wörtlich.
                    (Sie führt ihn hinaus.)
Andoloſia. Weiß ich doch nicht, wie es zuging;
Und es bleibt mir unauflöslich.
Amme. Sagt ich euch doch, wie es zuging;
Muß ichs euch beſchwören förmlich.
Aber laſſet euch nicht hören,
Nicht ein Wort mehr, euch beſchwör ich. (Ab.)

XII.

(Die Wohnung Andolosia's)
(Andolosia tritt auf, er geht in Gedanken mit heftigem Schritt
durch den Saal, den Blick zur Erde gesenkt. Lupolbus folgt ihm.)

Lupolbus. Der König, gnäd'ger Herr, ließ euch entbieten,
Er wolle heute, ob es euch genehm,
Das Mahl bei euch einnehmen. Heute noch.
(Andolosia merket nicht auf.)

Lupolbus. Der König, edler Herr, hat eine Botschaft
5   An euch gesendet, er begehrt mit euch
Zu speisen heute.

Andolosia.   Gut, ich komme hin.

Lupolbus. Nicht doch, er, gnäd'ger Herr, er will bei euch
Beköstigt sein.

Andolosia.   Auch gut, bereite denn
Ein festlich Mahl, ich lasse dir die Sorge.
10   Geh! mache Anstalt.

Lupolbus.   Herr, ich habe nicht
Genug des Geldes. Denn es kostet viel.

Andolosia. So will ich mehr dir geben. Tritt heran.
(Er zieht den Seckel hervor und geht nach dem Tische um darauf Gold aufzuzählen. Da er beim zweiten Griff in den leeren
Seckel die zehn aufgezählten Kupferpfennige gewahret, winkt er
schnell Lupolbo sich zu entfernen.)

Andolosia. Entferne dich, ich will allein sein, will's!
(Lupolbus ab. Andolosia untersucht den leeren Seckel schweigend
aus- und inwendig; wirft ihn dann von sich.)

Das also war die Meinung, Agrippina, weh!
15   Um Diebeslohn, die stolze Königstochter, weh!
Der heil'gen Liebe hohe Worte, Diebeskunst —
Und höhnest — weh!

Nicht schnödes Gold hast, falsches Herz, du mir geraubt
Bereichernd dich allein, o nein, es spaltete
20   Dein Frevel mir des Herzens tiefsten Schrein und riß
Daraus mir Glaube, Hoffnung, Leben, Liebesglanz.
Zerschellt in düstern Trümmern stürzt der Sonnenbau,
Anbricht die dunkle Winternacht, und hoffnungslos

Erſtarrt von ſeinen Schauern, ein Vereinzelter,
Den trüben Blick nun ſenk ich in den tiefen Schooß   25
Der Finſterniß.
Es lehrte kühn mich Köſtlicheres verſchmäh'n das Gold,
Das Raubgeword'ne deiner Trugkunſt. Lügend dich
Entſtiegen reichen Herzens Grund Traumbildungen,
Die waren lichtrein, die berückten mir das Herz.   30
Daß gut ich war, gab über mich dir Macht allein.
Ich reichte dir die Waffen, Raubnetz, flochteſt du,
Mich zu umgarnen, jener Träume hehren Glanz;
Und ſelbſt der Lanzen Splitter, die zu deinem Ruhm
Dein Ritter brach, ſie gaben der perfiden Hand   35
Der in der Bruſt argloſen Grund zu ſenkenden
Geſchoſſe Schaft.
Ob mir veröbet iſt die Welt, die Freude hin,
Und nimmer Hoffnung ſcheinet, bleibt mir dieſes doch,
Zu achten mich, daß ich ein Thor, ein Schlechter nicht   40
In meinem Wahn war, deſſen ich mich rühme reich.
Du aber biſt arm, Agrippina, ſoll ich dich
Beklagen, dich verachten, wehe, weh! o ſchönes Bild!
O Schmerzens-Kelch!
Ein andres düſtres Bild erwacht auch ängſtigend;   45
Auch dir zum Dieb ward, theurer Ampedo, mein Wahn,
Auch dein das Kleinod, welches hinwarf meine Hand.
Nicht darfſt den Lohn du theilen meiner raſchen Schuld.
Begonnen ſei der Kampf um Gold, des Lebens Glanz
Iſt doch erloſchen! — ſchaue, frechgemeines Weib,   50
Daß wie des Ernſten, du des Spielenden
Auch ſiegen mögeſt. Nicht in Siegesſchoß zu ruhn
Iſt weiſ', und höhneſt? warnend ruf ich: ehre du
Die Nemeſis.

(Er geht nach der Thür und ruft)

Lupold!   55
Lupoldus (tritt auf). Was, gnäd'ger Herr, befehlet ihr?
Andoloſia. Es ſollen alle meine Diener ſich
In dieſem Saal verſammeln, ſchnell!

(Lupold ab. Andolosia, indeß die vierzig Diener sich im Hinter-
grunde versammeln, zählt auf dem Tische das Geld, das er noch
in seinem Wamst und in einem Schreine findet; die zehn Kupferpfennige aber steckt er wieder in den Beutel, und nimmt den
zu sich.)

Andolosia (Zu den versammelten Dienern).

Seit bald zehn Jahren bin ich euer Herr,
Und hab' euch redlich auch gehalten. Nicht
60   Gemangelt habt ihr, bin in keines Schuld,
Ihr alle seid bezahlt. — Nun ist der Tag
Gekommen, da ich Hof nicht halten kann,
Wie bisher ich gethan: drum sag ich euch
Den Dienst auf, und versehe sich ein Jeder
65   So gut er kann, denn meine Zeit ist aus.
Ich habe nicht des Geldes mehr, denn hundert
Und sechszig Kronen, jedem schenk' ich zwo,
Und Roß und Harnisch bleibe ihm zu eigen.
Diener. Getreuer, lieber Herr, ob jemand euch
70   Etwas zu Leide that, so sprecht, der muß,
Und sei er wer er wolle, sterben.
Andre.   Sterben!
Andolosia. Für mich darf niemand fechten.
Diener.   Roß und Harnisch
Verkaufen wir und stehn euch bei.
Andolosia.   Ich dank'
Der Ehrerbietung allen euch, ihr frommen,
75   Ihr liebgetreuen Diener, so das Glück
Sich wieder zu mir kehrt, vergelt ich's gern.
Man sattle mir mein Roß, es darf mit mir
Nicht einer reiten.

(Zwei Diener ab. Er steckt ein Theil des Geldes zu sich und
rüstet sich.)

Lupold.   Gnäd'ger Herr, es sind
Noch sechszehn Kronen, die mir anvertraut.
80 Andolosia. Dein Eigenthum. — Lebt wohl, lebt alle
                                                wohl.
Diener. Wo zieht ihr, Herr, wo richten wir den Lauf?

Anbolosia. Ist Gott mir gnädig, such ich selbst euch auf
Nicht ohne Tröstung will ich von euch wandern.
Diener. Wir harren eurer Herr, in Brügt in Flandern.

(Anbolosia hat sich gerüstet und schreitet grüßend durch die Schaar
der Diener aus dem Saale hinaus.)

XIII.

(Der Palast zu Famagusta)
(Ampedo sitzt allein an einem offenen Fenster und rauchet aus
einer irdenen Pfeife.)

Ampedo (zu den Leuten, so ihm zuschauen).

Ihr lacht. Ein Sonderbares dünket euch
Mein Kalumet, weil nicht die Zeit ihn kennt,
Worin ich lebe. Gerne gönn' ich euch,
O lacht, die kleine Freude, aber wißt:
Es ist nicht weise Ungewöhnliches   5
Verlachen, weil es ungewohnt nur ist;
In diesem Punkte hat der Bruder Recht.
Ich eilte meiner Zeit voran, erfindend
Zu eigner Lust dies Kalamos. Es wird,
Sie nahet, kommen eine Zeit, da Rauch   10
Aus solchen Röhren nur allein noch Lust
Der wohlgewohnten Menschheit dampfen wird,
Bei der das rege Ungethüm erstirbt.
Sankt Lorenz! muß die Rede, die zum Schutz
Ich mir ersinne, mich das ärgste kosten   15
Das nur mich quälen kann, das Feuer ist
Indeß mir ausgegangen, bleibt man doch,
Wie alt man in der Welt nur wird, ein Thor.

(Indem er die Pfeife wieder ansteckt.)

Ich lobe mir die leise Freude, die
Aus diesen trocknen Blättern mir erblüht.   20
Nicht anderen Genuß verschaffte mir
Mein Reichthum, diesem gleich. O wäre nur
Mein guter, vielgeliebter Bruder hier,

Und könnte ſeinen raſchunbänd'gen Sinn
Auch der behaglich ſtillen Sitte beugen!
Ein ſchöner Traum! Du wirſt ihn nimmer ſehen.

Wer dort, in ſchlechter Tracht, herauf vom Haſen
Kommt eilend hierher zu? — — O Gott — mein
Bruder!

(Er wirft die Pfeife von ſich und läuft aus dem Saale, ſeinem
Bruder entgegen, ſie treten zuſammen wieder auf, indem ſie ſich
feſt umarmet halten)

Ampedo. O Andoloſia!
Andoloſia. Ampedo!
Ampedo. Mein Bruder!
Doch warum kommſt du ſo allein herauf?
Wo ließeſt du dein Volk?
Andoloſia. Ich habe ſie
Verlaſſen alle, danke Gott, daß nur
Allein ich heimgekommen.
Ampedo. Das gefällt
Mir übel; aber rede du, wie iſt
Es dir ergangen? lange bliebſt du aus.
Nun iſt es an dem, daß, nicht ſparend mehr
Wie dieſe Zeit ich mußte, mich die Kraft
Des Seckels freue.
Andoloſia. Laß zuvor uns eſſen.
Dann werden unſer Heimlichſtes wir tauſchen.
Ampedo. Laß in den Speiſeſaal uns treten. — Bruder!
(Er umarmt ihn. Beide ab.)

XIV.

(Das Zimmer im Palaſte zu Famaguſta. Ampedo und Andoloſia treten auf.)

Andoloſia. O allerliebſter Bruder, böſe Botſchaft
Muß leider ich dir bringen, muß anſagen
Daß ich den Glückeſeckel eingebüßt,
So leid mir iſt.

Ampedo (lehnt sich erschrocken an eine Säule).
                        So! — Hast du, Bruder, ihn
Verloren, oder wurde mit Gewalt   5
Er dir geraubt?
Andolosia.   Ich habe das Gebot
Des Vaters übergangen, ihn gezeigt
Dem Weibe, das ich liebte, doch sobald
Ich dessen Kraft geoffenbaret, hat
Sie mich darum gebracht, so jetzt mich kümmert.   10
Ampedo. So geht es wohl mit Recht, wenn in den Wind
Man treuer Eltern Warnung schlägt und selbst
Ein großer Hans sein will; sieh, hättest du
Gefolget, wäre unser Kleinod da,
Und ich mit dir in gleichem Unglück nicht.   15
Andolosia. Ich weiß es.
Ampedo.   Lieber Bruder, lasse dir
Es nicht so sehr zu Herzen gehen, denn
Wir haben noch elf Truhen voller Goldes,
Und noch das Hütlein, wenn dem König Soldan
Wir es anbieten, giebt ein großes Gut   20
Er uns dafür, und also, nicht gerechnet
Das gräflich Schloß und Stadt zu Lorganub,
Ist uns genug da, und so lang wir leben,
Ist uns zu führen einen guten Stand. —
Drum laß den Seckel fahren, freue dich!   25
Andolosia. Gewonnen Gut ist böse zu verlassen.
Dies mein Begehren: gieb das Hütlein mir,
Und ich getraue mir mit ihm den Seckel
Noch wieder zu erwerben.
Ampedo.   Hm! man sagt:
Wer Gut verliert, verliert auch Witz. Bewährt   30
Sich doch an dir auch dieser Spruch! Du hast
Uns um den Seckel schon gebracht, und willst
Uns auch noch um das Hütlein bringen. Nein!
Ich lasse dich es nimmermehr wegführen.
Erlustige dein Herz mit seinem Spiele   35
Um unsre Wohnung, gerne sei's gegönnt.

Andolosia. Es sei darum! getreuer lieber Bruder.
Und ob mein übles Thun dir Kummer gab.
So füg ich besserm mich nach deinem Rath.
40 Daß Freude du hinfort an mir erlebest.
Ampedo. Vergessen und verschmerzt, nur Freude jetzt.
Andolosia. Drum von dem Freunde sprich, wie lebt
der Probst?
Ampedo. Erfreut von Gott mit blühender Gesundheit.
Er heget treue Liebe stets zu uns.
45 Er hat, wie oft, mit Troste mich gestärkt,
Da unmuthsvoll zu dir ich in die Ferne
Hinüber dachte, sagend meinem Herzen:
Du wirst dich seiner nimmermehr erfreun.
Er wird dich heute nicht umarmen, denn
50 Mit meinen Leuten ging er in den Forst
Die Jagdlust zu genießen.
Andolosia.   Leihe mir
Das Hütlein, Bruder, ihn zu überraschen.
Ampedo (holt das Hütlein aus einem Schrein hervor).
Mit Freude, nimm' es.
Andolosia (setzt das Hütlein auf).
Nach Venedig!
(Wird durch die Luft entführt.)
Ampedo (bestürzt hinschauend, wo er gestanden hat).
So!
(Dann geht er nach dem Fenster zu dem Rauchzeug.)
Ich habe heut' mein Kalamos zerbrochen,
55 Ich muß ein andres wählen und es füllen.

XV.

(Das Gewölb der Edelgesteiner zu Venedig.)
(Zwei Kaufherren. Kostbare Kleinodien liegen auf dem Tische.)

1. **Kaufherr.** Zu kostbar! und sie will die Kleinod nicht.
Wir sind geschlag'ne Leute, gehn zu Grunde.

Sie muß ſie nehmen, muß gezwungen werden,
Wenn noch Gerechtigkeit iſt in der Welt.
Sie hat ſie ja beſtellt.

2. Kaufherr.   Gerechtigkeit!
Und eine Kaiſerin?

1. Kaufherr.   So möge denn
Zur Stunde ſie der Teufel hohlen, ſammt
Was im Gewölb nur iſt von gutem Werth.

2. Kaufherr. Die Rede iſt ja ſündlich, ſchweig.

(Anboloſia tritt auf, von einem Diener geführt.)

Diener.   Hier, Herr,
Hier findet ihr das Köſtlichſte der Art,
Das nur Venedig aufzuweiſen hat. (Ab.)

Anboloſia. Zeigt Edelſteine mir und Damenſchmuck.

1. Kaufherr. Euch Edelſteine?

Anboloſia.   Ja.

1. Kaufherr.   Von welcher Art?

Anboloſia. Das theuerſte an Preis.

1. Kaufherr.   Das wollt ihr kaufen?

Anboloſia. Das will ich kaufen, wenn es mir gefällt.

1. Kaufherr. Den Halsſchmuck nebſt den Spangen hier, etwa?
Der Kaiſerin, die ſie beſtellet hat,
Bedünken ſie zu koſtbar.

Anboloſia (nimmt ſie in die Hand).
                    Sagt den Preis.

1. Kaufherr. Zweihundert Unzen feinen Goldes.

Anboloſia.   Wohl.
Zeigt mehr.

1. Kaufherr (öffnet einen Kaſten und Anboloſia nimmt heraus).
Wir haben, gnädger Herr, noch nur
Die Ringe und die Ketten hier, von Werth.
Denn alle Steine, die wir hatten, ſind
In dieſe Kleinod verarbeitet worden,
Und andre zwei, dort in jenem Schrein.
Die ſind bereits ein fremdes Eigenthum.
Ein Kreuz, beſtellt von ſeiner Heiligkeit,
Ein halber Mond, vom Soldan in Egypten.

Andolosia. Die Ringe hab ich ausgewählt, die Ketten
    Behalt' ich alle, sagt den Preis.
  1. **Kaufherr** (rechnet nach). Es wird —
30   Verzeihen eure Gnaden, — zwei und zwanzig,
    Und andre zwanzig, — achte dieser Ring. —
    Von fufzig Unzen Goldes der Betrag.
Andolosia. Ihr habet mehr nicht?
  1. **Kaufherr** (öffnet einen andern Kasten).
                   Diese Perlen noch.
Andolosia (nimmt die größten heraus).
    Der Preis von diesen.
  1. **Kaufherr.** Sechzehn Unzen Goldes.
35 **Andolosia.** Ich schließe einen guten Handel, wohl.
  1. **Kaufherr.** Befehlen eure Gnaden nicht, zu sehen
    Die Kleinod die ich sagte, Meister-Werke
    Von unsrer Kunst.
Andolosia.   O ja!
(Die Kaufherrn gehen nach dem Schrein, Andolosia packt zu-
    sammen, setzt das Hütlein auf und sagt:)
              Nach London!
         (verschwindet)
  1. **Kaufherr** (mit dem Kreuze, erblickt ihn noch im Scheiden,
    indem er spricht).   Seht!
    O weh' mir, weh'!
  2. **Kaufherr.**   Das war der Schwarze selbst,
40   Dem des Gewölbes Schätze du verehrt hast.

XVI.

Andolosia (indem er das Wunschhütlein aufsetzt und Agrip-
    pinam ergreift).
    In eine Wüste!
Agrippina.   Weh! sei Gott mir gnädig!
(Ein Rasenplatz unter zweien mit vielen Früchten beladenen
Apfelbäumen, wüste Sandebne rings umher. Andolosia setzt
Agrippinam unter dem einen Baume ins Gras nieder.)
    Wo bin ich denn? wie bin ich hie gekommen?
    Der Ort ist fremd.

Andolofia.   Das wird sich alles finden.
Agrippina (schreiend).
O gieb mir Kunde, welcher Ort ist dies?
Wie kamen wir dahin?   5
Andolofia.   Nur sachte, sachte,
Ich bin nicht taub, ich kann jetzt wieder hören.
Wir sind hier unter einem Apfelbaum
Und kamen rasch.
Agrippina.   O heil'ge Mutter Gottes!
Es raubet alle Kräfte mir die Angst.
Andolofia. Du sollst dich fassen und mein Wort ver- 10
nehmen.
Agrippina. Es brennet hier der Sonne Strahl so heiß!
Und Durst und Müdigkeit, ich bin so schwach.
O gäbst du mir der Aepfel einen, daß
Ich mich erlaben möchte.
Andolofia.   Wohl, ich will's.
Ich habe Zeit, es soll die Frucht dich laben,   15
Indeß verwahre die Juwelen du,
Ich muß den Baum erklettern, da, das Hütlein.
Es schützet gegen Sonnenhitze dich
Es würde durch die Zacken nur mich hindern.
(er hat ihr die Kleinode in den Schoß, und das Hütlein auf
den Kopf gesetzt. Er klettert an den Baum.)

Agrippina. O wär ich nur daheim in meiner Kammer! 20
(Das Hütlein entführt sie samt den Kleinodien und dem Glücks-
seckel an ihrem Gürtel.)

Andolofia (auf dem Baum, fährt fort, ohne aufgemerkt zu
haben, er wirft Aepfel herab):
Da hast du Aepfel. Iß nur die mit Frieden.
Ein andres Wort, ein ernstes, sollst du bald
Aus meinem Munde hören. — Denn die Zeit
Ist nunmehr kommen, und die Rache reif,
In Andolofia's Macht bist du gefallen.   25
Du, Schlange, durftest wohl mit frechem Muthe
An arger Ränken Seilen fest mich binden,

Dem Giftbetrunknen mir den Schatz entwinden,
Und reich dich rühmen von geraubtem Gute.
Doch schwellt das Glück die Brust mit Übermuthe,
Von seines Mostes Dunst die Sinne schwinden,
Dann zürnt das Glück, und sicher trifft den Blinden
Der Rache Pfeil, der auf der Sonne ruhte.
Du bist, mit deinem Raub in meinen Händen,
Zertreten kann ich nun das Haupt der Schlange.
Dem dir entflohnen Siege magst du staunen.

(Bei den letzten Worten will er den Blick auf Agrippinam
werfen, und merkt wie sie das Hütlein mitsamt allen Schätzen
entführt haben müsse, da fällt er mit Geschrei von dem Baume
herab, er liegt ohnmächtig und bewegungslos an der Erde)

Der Soufleur (flüstert ihm zu und wiederholt immer lauter).
Es freut ... Es freut die Jungfrau ... Es freut die
Jungfrau ...

(Da doch Andolosia nichts hört, so strecket er den Kopf aus dem
Kasten, kehrt sich gegen die Zuschauer und sagt selbst:)

Es freut die Jungfrau schnell ihr Rad zu wenden,
Im unerwartet jähen Uebergange
Verherrlichet Fortuna ihre Launen.

XVII.

Andolosia (rafft sich auf. Ein Kuckuck singt in dem Wipfel
des Baumes).

Dir Baume fluch ich, fluche tief in dumpfer Gruft
Des Hurensohnes morschen Knochen, der zur Lust
Gepflanzt dich hat inmitten dieser öden Flur,
Mitsammt der Hahnereien hochgehürnter Zunft,
Die je gekostet oder kosten werden deiner Frucht.
Den Boden, welcher deinen Wurzeln, und die Luft,
Die deinen Poren Nahrung gaben, treffe Fluch.
Doch selber mir; dem blöden Thoren, der mit Wuth
Verderben mir bereitet, siebenfacher Fluch!

Und Fluch der tückenſchwang'ren Stunde der Geburt, 10
Wo freudig mich die Eltern grüßten, unbewußt
Der Gegenwart geword'nen Zukunft, welche nun
Auf mir mit Mordwucht bleiern laſtend ſchrecklich
ruh't.
O Vater, deines Bettes ſei die Luſt verflucht,
Der meines grauenvollen Daſeins fiel die Schuld, 15
Und daß ſie Gift nicht ward, die Milch der Mutter=
bruſt.
O hätteſt du mich, grimm'ger Tod, gewürget dann,
Bevor noch dieſer Stunde kommen Noth und Angſt!
Verflucht der Tag, die Stunde, da zum erſten Mal
Ich dich geſehen, mir entſponnen ſolche Schmach. 20
O Agrippina, falſches Herz, hinfort nun mag
Dich freun der köſtliche Beſitz, der Doppelſchatz,
Und dich, Unholdin, ihre Mutter alt und karg.
Mein Ampedo, mein Bruder, der geliebt du warſt
Vor allen meinem Herzen, könnt an dieſen Platz 25
Dich meine Mordgier bannen, ſchnell mit eigner Hand
Dich würgen wollt ich, ſelber mich erhenken dann,
Und Hohn im Selbſtmord grinzen, daß des Seckels
Kraft
Aufhöre und in ihrer Hand verſieg der Schatz.
O Schickſal, Schickſal, böſes, ſchlugſt du mich ſo hart, 30
Daß härter mich zu ſchlagen, du die Macht dir
brachſt!
Nichts, ſiehe, Nichts iſt, das annoch ich fürchten kann.
Verzweiflung durchzuckt meine Seele ſchwarz und kalt.
Ich will mich faſſen, will es, feſt ſein, ſein ein
Mann,
Mein Haupt behelmen, meine Bruſt umziehn mit 35
Stahl.

(Er geht heftig umher und ſpeiſt in Gedanken zwei der Aepfel
des Baumes, die er von der Erde aufnimmt. — zugleich wachſen
ihm an der Stirne zwei mächtige Hörner, deren Schein ihn
nachher beunruhigt, er hebt immer den Kopf, um danach
zu ſehen.)

Um meine Stirne ziehen düſtre Schatten ſich,
Dem Aug entweichend, wenn ich ſcharf ſie ſchauen
                                              will. —
Sind böſe Spiele der Gedanken. Fern von mir!
(eine Zeit darauf im Wahne, er habe das Wunſchhütlein)
Nach Famaguſta! — Wehe! grauenvoll! du ſprichſt
40 Im Wahnſinn. Selbſt zerſchellet haſt du eben itzt
Des Vaterhauſes Pfeiler, und anrufen willſt
Verſcherztes Glück du, welches nie rückkehren wird.
Verſchwinde, arges Dunkel, oder ſteh dem Blick.
Nur Hohngeſtaltung eig'nen finſtern Sinnes fliehſt
45 Und kehreſt du verfolgend ſtets zurück, und nicht
Die Ruhe gönnſt du, die ich mir erzwingen will.
Mich ſchrecket leeres Scheinen — bin ein furchtſam
                                              Kind
Ich denn geworden? wie ſo wüſt und leer um mich
Die Fläche dieſes öden Landes ſich ergießt!
50 Unaufgehalten überſchwebet ſie der Blick.
Die todte Einſamkeit iſt furchtbar, ihr erſtirbt
Ob kühn, der Traum der Rettung und der Muth
                                              erliegt.
Nichts lebt, es regt kein ſcheuer Laut ſich, einzig ſingt,
Verhaßter als das Schweigen, der Kuckuck ſein Lied. —
55 Du würdeſt nie mehr ſingen, wenn ich nur dich fing!
Wirſt du denn, Plageſchatten, mit dem luftgen Krieg
Ermüden nie, beſtürmend meinen kranken Sinn?
Du wirſt doch wie dem Auge dich der Hand entziehn?
(Er greift darnach, fühlt die Hörner und erſchrickt)
O weh mir! — Nein, verlachen muß ich ſelber mich,
60 Es war mir —
                (er faßt die Hörner an)
            nein! ach Hörner ſind es ganz gewiß.
                (er verſucht ſie abzureißen)
Verwünſchter Mißwachs, Fluch und Tod! kein
                                              Mittel wird
Mich deiner zu erlöſen helfen! ſtoßen, zieh'n. —
Dir iſt, wie Wachsthums Schnelle, Feſtigkeit verlieh'n.

Mir ſelbſt zum Abſcheu worden, nun ein ſcheues Thier,
Zu denen ich mich ſehnte, Menſchen muß ich fliehn. 65
O Scheuſal, Agrippina, falſche Zauberin,
Die doch ich nicht gefreiet, aber mir verlieh
Dies Angedenken, Rache, Rache über dich!
Es möge deiner ſtolzen Schönheit ſolcher Schimpf
Zur Krone werden, Eckel vor dem eignen Bild 70
Zu flieh'n dich treiben, aber welche du beſtrickt
Mit Hohn dich ängſten, bis in's Grab du dich ver-
                                              birgſt.
Ich renne mit dem Kopf den Baum an, ob Gewinn
Es mir wohl bringet, und das Schandding doch
                                              zerbricht.
        (Er verſucht es)
Nichts — Wieder nichts, o Hölle, Wuth! wie feſt 75
              es ſitzt!
        (Er rennt noch einmal)
So brich! o weh'! das that mir hölliſch weh!
Nicht anders war's, als ob die Seele mir
Zerkracht im Leibe wäre; des genug,
Ich will geduldig tragen und ertragen.
Es hat der Zorn ſich mir gekühlt, und anders 80
Erſcheinen mir die Dinge; nun fürwahr,
Von Ritter, der ich hieß, bin Fürſt ich worden:
Mich freut der liebenswürd'ge Schmuck der Krone.
Ich ſpiele eine luſtige Figur!
Das ſiehet, traun! um vieles beſſer aus 85
Als der verdammte alte Filz, der ſo
Gefällig eilend über Hals und Kopf
Mich hergepflanzt, und ſollt ich an den Galgen
Mich heute wünſchen, ſammt dem Hörnerpaar
Blieb ich doch ſitzen, hier auf grünen Matten, 90
Im duftgen Klee, wie die Poeten rühmen,
Für meiner Klugheit Streiche bin ich ſicher,
Und was des Seckels iſt, den kann ich miſſen.
Mit dieſem Hauptſchmuck angethan, da hat
Es keine Noth. — Ein Goldquell werd ich ſelbſt mir. 95

Ich ziehe, wo nur Menschen sind, umher
Und lasse mich für Geld beschaun — wohlan!
Ei Leute! Leute! will kein Hurenkind
Sich blicken lassen, das der erste sei?
100　Es ist doch aller Dinge Anfang schwer!
Ich bin mit meinen Hörnern hier zu Land
Und meiner guten Laune ganz allein.
Ein König dieser Erden. — König? — ei
So will ich auch mich freuen königlich,
105　Und königliches Leben führen. — wohl!
Zu gutem Anfang leg ich hier mich schlafen.
　　　　(Er legt sich nieder)
Ja ja! — — — —
Ja ja! — — schlafe du nur. — Wie ging es doch?
Schlafe du nur, schlafe du nur.
　　　　(Er schlummert ein.)
(Saiten tönen hinter der Scene. Andolosia springt auf. Der
　　　　Gesang hebt an.)
Andolosia. O süßer Ton der Menschenstimme, den
110　　Nicht gier'gen Ohres noch zu trinken ich
　　Gedachte, güt'ger Gott! o Freuden-Wahnsinn!

XVIII.

Gesang.　Der Klee, die grünen Matten
　　　　Inmitten dem öden Sand,
　　　　Der Apfelbäume Schatten —
　　　　Auf Erden kein anderes Land!

5　　　Und mögen dem trüglichen Winken
　　　　Gehorchen der Meeresfey
　　　　Die Erdensöhne, und sinken
　　　　In Sturmes-Drang mit Geschrei.

10　　　Entwandt den Eitelkeiten
　　　　Hat sich mein sehnendes Herz.
　　　　Von gottgeweihten Saiten
　　　　Der Klang strebt himmelwärts.

Und wie der Klang aufstrebet
Ist ihm mein Herze gesellt;
Auf tönenden Schwingen es hebet   15
Sich liebend zum Sternenzelt.

Der Gottheit Sehnsuchtsaugen,
Der Sterne mahnender Chor,
Sie blicken, und tönen, und saugen,
Den durstenden Athem empor.   20

Genesung der irdischen Qualen,
Gewährung der Sehnsucht, nur dort;
Dort aller Verheißungen Zahlen,
Dort meiner Sehnsucht Ort.

Der Klee, die grünen Matten   25
Inmitten dem öden Sand,
Der Apfelbäume Schatten —
Auf Erden kein anderes Land.

XIX.

(Ein Eremit mit Krucifix und Rosenkranz tritt auf, ein Saiten-
spiel in Händen haltend.)

Andolosia (auf den Bruder zueilend).
    So du vom Weibe bist gezeugt, ein Mensch,
    Bei deiner Mutter Brust beschwör ich dich,
    O übe du Erbarmung gegen mich.
Eremit. O armer Mensch, wer hat dich hergebracht,
    Und was in dieser Wildniß suchest du?   5
Andolosia. Ich kam . . . ich suche . . . — frommer
                            Bruder, nicht
    So seltsam fraget mich — Nur Hülfe schafft,
    Daß zu den Menschen ich mich retten kann.
    Und euch beschwerlich werd ich nimmer noch.
Eremit. In dreißig Jahren keinen Menschen hie   10

Geſehen hab ich noch gehört, und wollte
Geblieben wärſt auch du von dieſer Wüſte.
Andoloſia. Mich reut es, daß ich jemals ſie betrat.
Eremit. Doch rede du, o Sohn, wofern ich kann

15 Dir dienen, bin ich willig es zu thun.
Andoloſia. Ein Becher Weines, lieber Bruder — ach!
Ich habe, eh' du kameſt, ſchlechtbedacht
Zu ſchonen meine Bruſt, dem Baume da
Gar manches anzureden mich bemüht,

20 O kühle meinen Durſt, erquicke mich,
Ju deine Zelle nimm mich gaſtlich auf.
Eremit. Mein Haus iſt dieſer Raum, des Himmels
                                Wölbung
Der Tempel meiner Andacht vor dem Herrn,
Und Speiſ' und Trank empfang ich nur allein

25 Von dieſen Bäumen. O mein theurer Sohn,
Die Koſt, die mich erhaltet, theile du,
Nicht Wein noch anders kann ich dar dir reichen.
Andoloſia. Hm! —Sage Bruder mir, wie komm ich nun
Aus dieſer Wüſtenei, dem Unglücksboden,

30 Zu zahmen Menſchen meines Gleichen hin?
Eremit. Fern, über dieſen Sand, am Horizont,
Erſchauſt du jenen blauen Streifen?
Andoloſia.   Ja.
Eremit. Ein waldbewachſenes Gebürg iſt dort,
Und hinter dem im Thale wohnen Menſchen.

35 Andoloſia. Was aber, frommer Bruder, lehre mich,
Was mit den Hörnern, die in deinem Haus
So elegant ſich meiner Stirn anwuchſen
Und raſch, daß deſſen ich mich nicht verſah
Iſt mir nun anzuſtellen? Menſchen — gut.

40 Meerwunder aber anzuſehen muß
Ich ihnen alſo ſein, ich möcht' es meiden.
Eremit. (pflückt und reicht ihm zwei Aepfel vom andern Baume.)
Nimm hin und iß. Von jenes Baumes Frucht,
Die du gewiß gekoſtet, iſt allein
Dir ſolches wiederfahren, dieſe hier

Hegt eine andre Tugend und man darf   45
    In gleicher Anzahl beide nur genießen.
Anboloſia. Wie, Henker! kommt das Obſt an dieſes Laſter?
    (Er verzehrt die Aepfel, indem er ſtets nach ſeinen Hörnern fühlt,
    er freut ſich, wie ſie immer kürzer werden und zuletzt ganz ver-
                            ſchwinden.)
Eremit. Wie ſtolzen Wahnes Weiſe ſich geberden,
    Die Urkraft höhnet bildend ihrer Träume.
    Deß Wort die Himmel ſchaffend rief, die Erden,   50
    Und was erfaſſen aller Welten Räume,
    Der ließ an Tugend wunderbar auch werden
    Auf hieſ'ger Sandung dieſe beiden Bäume
    Und nirgends andre noch von ihres Gleichen
    So fern und weit des Erdreichs Grenzen reichen.   55

Anboloſia. Nicht zürne mir, o guter Bruder, daß
    Nicht fragend, ob du mir die Frucht erlaubeſt
    Von deinem Hörnerbaum ich Aepfel ſpeiſte.
    Ich wußte wahrlich nicht dein Eigenthum,
    Und konnte nicht vermuthen auch, daß wer   60
    In dieſer Oaſis Beſitzer war.
    Vergieb den Fehl mir, guter Bruder, und
    Sei herzlich auch gedankt, daß du ſo mild
    Bereit warſt alle Spuren zu vertilgen,
    So an die Stirne mir geſchrieben hatte   . 65
    Verrätheriſch die Frucht — ja, thue mehr,
    Erlaube du, o guter, lieber Bruder,
    Erlaube du mir, — wüßteſt du wie gut
    Ich ſolche anzubringen nun gedenke
    Geſprochnes Wort auch löſend, o   70
    Erlaube du mir, daß ich pflücken darf
    Und mit mir nehmen des koſtbaren Obſtes
    Nur wen'ge Stücke, theurer, lieber Bruder
    Nicht hart, nicht grauſam ſei, es gilt mein Leben.

Eremit. O theurer Sohn, wonach dein Herz ſich wende,   75
    Das nimm, du brauchſt mich nicht darum zu bitten;
    Den Erdenkindern allen Gottes Spende,

Nicht eignes mir in dieſes Gartens Mitten;
Mein Eine Seele, kann ich in die Hände
80 Des Herrn ſie geben, hab ich gut geſtritten.
Zu meinem Schöpfer die Gedanken flammen
Nicht Irdſches Hegen ſolle mich verdammen.

Ich kann an dir wohl merken, daß umfangen
Dein Sinn und Herz von eitel irdſchem Gleißen;
85 Vergängliches nur heget dein Verlangen,
Entfernt des Ewigen dich zu befleißen;
Es gleicht dem Irrlicht, nicht es zu erlangen
Wirſt du dem Wahren frevelnd dich entreißen.
O theurer Sohn, du fröhneſt der Vernichtung,
90 Abtrünnig deiner Seelen Urverpflichtung!

O hätteſt du getrunken aus dem Bronnen
Aus dem lebendige Gewäſſer quillen;
Der Wunden Schmerzen in des Himmels Wonnen
Zu kehren, und den ew'gen Durſt zu ſtillen;
95 Da wäre Freiheit dir und Heil gewonnen,
Mitwollend ruhigklar des Schöpfers Willen;
Auf Felſen feſt gegründet deine Wohnung,
In Herzens Frieden wahrend die Belohnung.

Zum Kampf denn! woll aus deinem Herzen ſchlagen
100 Ein eitles Treiben, das das Licht beleidigt;
Unfrieden ſühnt der Kampf, Sieg wirſt du tragen,
Ob ſich im Zorn das Ungethüm vertheidigt;
Der Streiter Schirm, das hohe Kreuz ſieh' ragen,
Bei der Geburt auch du warſt ihm beeidigt.
105 O theurer Sohn, nicht zu beſtreiten trachte
Die Vorſicht, die an dieſen Ort dich brachte.

Andoloſia. Nicht kann ein wohlgemeintes Wort dir
                                          frommen,
O heilger Mann, auf Felſengrund zu ſäen.
Ich weiß, wie ich an dieſen Ort gekommen,
110 Den Kampf, in den des Herzens Flammen wehen,
Ausſtreiten muß ich, hab' ich unternommen,

Und sollt' ich selber auch zu Grunde gehen,
Der Kampf ist Leben — soll ich einst erwerben,
Verblaßt mein Treiben, muß ich dumpf ersterben.
Geflügelt Wort, du nanntest mein Verhängniß!   115
Es reißt, ich fühl's, hinab mich unaufhaltsam.
Du Bruder riefst das Wort aus dem Gefängniß
Das selbst ich zu erbrechen war enthaltsam.
Eremit. O Mensch, der Leidenschaften Schmachbedrängniß
Dies Schicksal spinnst du selber dir gewaltsam.   120
Andolosia. Auch also. — Doch nach London muß ich eilen
Den Boden nenne mir, wo wir verweilen.
Eremit. Hibernia.
Andolosia.   O Fluch! wie lang noch schweifen
Durch Land und Meer bis ich das Ziel erst habe. —
Zum ersten Nächsten! — Zu dem blauen Streifen,   125
Den Bergen dort. — Dir Dank der hohen Gabe
O frommer Bruder, und, ob nicht ergreifen
Es mich gekonnt, des Wortes. — Bis zum Grabe
Mit dir der Frieden Gottes und sein Segen.
Eremit. Des Himmels Gnade leuchte deinen Wegen.   130

XX.

(Wildniß. Waldbewachsene Klippen an Meeres Ufer. Andolosia
setzt Agrippinam nieder.)

Agrippina. Was ist mit mir doch geworden!
Weh mir! welcher Ort!
Andolosia.   Vollbracht nun!
Agrippina. Welche schauervolle Wildniß!
Andolosia. Abgeworfen die Verkappung!
(wirft heftig Doktorkleid, falsches Haar und falsche Nase ab, das
Hütlein liegt zu Agrippinens Füßen.)
Agrippina. Weh mir! Andolosia! weh mir!   5
Andolosia. Ja, du stehst in seiner Macht nun.
(geht mit entblößtem Messer auf sie zu.)
Agrippina. Zuckst den Dolch du mich zu morden?
Weh mir, weh mir! hin mich raffst du

In der Blüthe meiner Sünden
10 Andolosia, o Erbarmung!
Andolosia. (schneidet ihr den Gürtel vom Leib, löst den Seckel,
reißt seinen Wamst auf, und steckt den Seckel an seinen Ort.)
Hebe, Schlange, dich von hinnen!
Selber dich gerichtet hast du,
Und Vergeltung soll dir werden
Der an mir verübten Handlung.
15 Agrippina.   Ritter, ach gestrenger Ritter!
Denkt der Liebe ....
Andolosia.   Thörin, wagst du
Meinen Ingrimm noch zu reizen
Mit dem frevelvollen Anruf!
Agrippina. Weh mir!
Andolosia.   Deine Mutter, deine
20 Clara, ruf' an, die so altklug
List'gen Rath weiß zu entspinnen
Und zu mischen Gift und Schlaftrunk.
Wären auch die hier — der Seckel,
Siehe, ruht an alter Statt nun —
25 Nicht vermöchte ihre Trugkunst
Seiner anitzt noch Erlangung.
Agrippina. Güt'ger Gott!
Andolosia.   Was, Agrippina,
Dachte doch dein Herze, daß du
Also große Untreu übtest
30 Gegen mich, der ich so ganz nur
Treuer Liebe hingegeben,
Lebte in der Trugumgarnung.
Hätte Gut und Blut gelassen
Heil und Seele, wenn der Machtruf
35 Deines Blickes es gehießen,
Hätte mich gestürzt in Kampfsturm
Freudig-stark, wie im Turniere
Dir zum Ruhm ich Lanzen brach und
Sieger ward in jedem Strauße,
40 Fest von eines Traums Umarmung.

Welches Herzens Agrippina
Konnteſt du mir ſolches anthun,
Mir dem männlich guten Ritter
Solche ſchmähliche Behandlung.
Faſchingſpiel mit mir du triebeſt
Gierig fröhnend niedrer Habſucht,
Meines Herzens Blut du ſaugteſt
Und verſtießeſt mich in Armuth;
Reizte ſchier mich dann zum Selbſtmord
Der Verzweiflung grauſer Anſturm,
Hatteſt Hohn du, keinen Mitleid:
Eine Zehrung auf die Wandrung —
Unverloren ſieh die Gabe —
Dieſe Münze hier mir gabſt du.
Hin die Gabe nimm zur Stunde
Nimm die rechtliche Erſtattung.
Und gedenk gerechten Urtheils
Sprich den Spruch der Selbſtverdammnung.
    (Er wirft ihr den falſchen Seckel zu.)
Agrippina. Hilf mir Himmel! ach des Blickes
Unheilſchwangre Zornentflammung!
Andoloſia. Weh mir, weh dir, daß dem heißen
Ernſt du argen Herzens abſchwurſt.
O, du haſt mich herb geſchlagen!
Mir zerſchellt von jäher Spaltung
Sank der Himmel, dem ich traute,
Und verſtoßen zu dem Abgrund
Muß mit Grauſen ich nun hauſen
Unter ew'ger Nachtumſpannung.
Liebeswort iſt Nebelkappe,
Dunkelſchleichend ſinnt Verrath nur,
Sinnt Verrath um ſchnödes Gold die
Tochter königlicher Abkunft.
Reicher Glaube, feſte Liebe,
Flammen himmliſcher Abſtammung,
Strebet zu des Himmels Sternen!
Dies auf Erden eure Zahlung!

Was doch haucht die raschen Worte
Thörigt meines Busens Wallung!
Leeres Schallen, sie verhallen,
80 Nicht doch sie verstehen kannst du.
Agrippina. Weh mir! das noch! harte Erde
Bist auch taub du meinem Angstruf,
Willst hinab denn mich zu ziehen
Reißen keinen tiefen Spalt du?
85 Liebesringen, Höllenflammen
Weh! im Zorne furchtbar nahst du
Richter der gerechten Rache,
Gott des Himmels! weh mir, Schmach nun,
Schmach gerecht von ihm nun trinken
90 Und den Becher der Verachtung!
Ritter, Ritter! könnte leuchten
Meiner Schmerzen Offenbarung!
Andolosia. Nein, zu frischen Angedenkens
Sind die Thaten, und die Langmuth
95 Bricht die Last der müß'gen Worte,
Spare deiner Kunst Entfaltung.
Sieh, die Stunde schlägt, die Rache
Schwingt sich auf, es wird die Schatzung
Ausgezollt gehäufter Schulden.
100 Weiß ich doch, gekühlt der Rachdurst
Erst des Busens, sinkt mein Leben
Klang- und farblos in Umnachtung
Dumpf hin müden, müß'gen Schleichens
Bis der Tod mir reicht den Labtrunk.
105 Agrippina. Und dein Wort macht mich ergrausen!
Eigner Tugend sei bedacht nur,
Nicht ein Schreckliches beginne,
Nicht die dunkle That der Rachsucht.
Wehrlos sich ein Weib zu deinen
110 Füßen weinen, sieh der Waldung
Wilde Nacht um uns sich ziehen,
Dich zum Zeugen deiner That nur;
Andolosia, Ritter, denke

Eignen Hochgefühls Bewahrung.
Hand nicht leg an die Gefangne   115
Bändige mit mächt'ger Fassung
Deinen Zorn, in deinen Händen
Meines Leib's und Ehr Erhaltung.
Andolosia. Meiner, ja, will ich bedacht sein
Und es wurzelt die Ermahnung.   120
Bürg um Leib und Ehre sei dir
Ritterliches Wort. Doch abthun
Kann ich nimmer mich des Zornes
Nicht berückst du mich zur Sanftmuth.
Trägst du meiner noch ein Zeichen,   125
Nimmst wohl solches mit ins Grab du:
Wie bekränzet deine Schönheit
Doch der Stirne neuer Glanzschmuck,
Wohl dem Monde nun vergleichbar,
Mit der Hörner stolzer Pflanzung.   130
Agrippina. (fühlt nach den Hörnern an ihrer Stirne und er-
                schrickt.)
Weh, dem Schrecken ich gebändigt,
Dachte nicht der Schmachgestaltung!
Andolosia!
Andolosia.   Agrippina!
Agrippina. In der gräulichen Verwandlung . . . .
Andolosia. Uebe fürder noch nach Herzen   135
Und nach Gold die üpp'ge Jagdlust.
Agrippina. Wär ich, Gott, der Hörner ledig
Bei dem Vater in der Stadtburg!

(Andolosia bei dem Worte besinnt sich des Hütleins, das bei
Agrippina zur Erde liegt, er stürzt hinzu, sie bemerkt die Bewegung und greift nach dem Kleinod. Andolosia ist ihr zuvor-
gekommen.)

Andolosia. Weh mir Thoren!
Agrippina.   Weh mir Armen!
Weiß ich nun, wo jene Kraft ruht.   140
Andolosia. Hättest bald mich hinterlistet
Mit den glatten Worten, Schandbrut!

Wäre nicht mein Eid, du müßtest
Stracks mir büßen die Anwandlung.

(Er rüstet sich zur Abfahrt und will das Hütlein aufsetzen.)

145 Agrippina. Ritter, Ritter, seid barmherzig!
Muß ich, fremd der Menschen Gattung,
Mit dem Wild an wüstem Orte
Hausen hier in rauher Waldluft,
Mich der Hungerstod erschleichen?
150 Sie doch wissen ihre Nahrung;
Schaut zu der Verzweiflung Thränen,
Die sind meine einzige Labung.
Andolosia. Bild der mir entschwundnen Liebe
Laß von solchen Worten ab nur.
155 Denn es trauert meine Seele
Und mein Herz sinkt in Ermattung.
Mitleid muß ich doch dir zollen
Und mich rührt die holde Anmuth
Der Gestalt, ob trüglich Gleißen
160 Sie umschleiert nur Entartung.
Und du sollst nun zu den Deinen. —
Dicht vor London, von dem Wartthurm
Will ich nur so weit dich tragen,
Wie der Schuß ist einer Armbrust.
165 Denn den Unglücksort erschauet
Nie mein Aug', deß stumme Mahnung
Mir die Frevelthaten zählet.
Agrippina. Nein nicht also! ist im Anbruch
Doch der Tag schon deiner Gnade,
170 Andolosia, o den Schmachfluch
Löse, tilge diese Hörner,
Gieb vom schweren Bann Erlassung!
Andolosia. Thörigte, gebeut den Lippen
Von dem eiteln Wort Enthaltung.
175 Agrippina. O du läßt dich noch erflehen
Andolosia.
Andolosia. Eh'r den Rathschluß

Brichſt du des unbänd'gen Schickſals.
Agrippina. Von der Hoffnung iſt Entſagung
Schwer dem Herzen, Andoloſia,
Welch ein eiſern Wort doch ſprachſt du!
Andoloſia. Wie Nothwendigkeit ſo eiſern
Fällt des Mannes=Willen Machtſpruch.
Doch die Stunden nieder eilen.
Auf nach London, auf und laß uns
Schleunig zu der Reiſe.
Agrippina. (mit einer Bewegung nach dem Meeresufer.)
Nein nein!
Eh'r verſchlinge mich die Salzfluth!
Andoloſia. Halt an! Weib. Du raſeſt Wahnſinn.
Agrippina. Vor bekannten Volks Verſammlung
Spott und Spiel und Mährchen werden,
Der Gedanke heiſcht Erſtarrung.
Eh'r aus bangem Traum errette
Mich vom ſteilen Riff der Abſturz.
Andoloſia. Wo denn ſonſt begehrt dein Herz hin?
Agrippina. In die Fremde, in Verbannung,
Wo kein Aug mich je geſehen,
Tief und tiefer!
Andoloſia.   Ohne Ahndung
Welches Sinnes, ſprichſt ein Wort du,
Hör das Wort an der Erfahrung:
Nirgends wäre dir es beſſer,
Als in Eltern Schooß, der Warnung
Traue, die aus treuem Munde.
Agrippina. Berge tief mich Kloſternacht und
Unter Menſchen ſei mein Name
Dumpf verſchollen.
Andoloſia.   Haſt bedacht du,
Agrippina, dein Begehren,
Und bedacht, was ich dir antrug?
Agrippina. Laß im Kloſter hoffnungslos mich
Weinen.

Anbolosia. Ist es Ernst dir?
Agrippina.   Ja!
Anbolosia.   Nun!
(Indem er das Hütlein aufsetzt und sie anfaßt.)
Hütlein! vor ein Frauen-Kloster.

XXI.

(Hibernia. Vor einem Nonnenkloster an einsamem Ort, Gletscher,
Berge und Wälder, Aussicht über die See.)

Anbolosia (setzt Agrippinam nieder).

210   Sieh erfüllt dir die Erwartung.
(Agrippina verhüllt ihr Gesicht. Anbolosia fährt fort.)

1   Und diesem festen Thore will ich nahen, das
Sich hinter dir bald dumpfen ernsten Klanges schließt
Des Grabes Thor gleich, während zu den Lebenden
Entsagter Rückkehr Hoffnung. Wollte dein Geschick
5   Aus deiner Brust selbst ziehen diesen Rath, gefällt
Nun über dich, nicht rechte mit dem Waltenden!
Der äußern Willkür herber Zwang verkündet oft
Vollstreckend ihr Geschickesloos den Sterblichen.
Agrippina. Verdarben jeden Hoffnungsschimmer Unglück-
seelige,
10   Erfaßt ihr Herz des Todes letzte düstre Wahl.
Anbolosia (geht dem Kloster zu; er betrachtet Gitter und
geschlossene Thore).
Wer giebt aus diesen Mauern Antwort meinem Ruf?
(Es erfolgt keine Antwort, er bemerkt den Hammer des Thores
und pocht; es dröhnt durch die Hallen des Klosters.)
Agrippina. Mir wehe, weh!
Pförtnerin (innerhalb).
Wer stört die Ruhe dieser Gott geweihten Statt?
Anbolosia. Der weitentlegnen Erden Sohn, ein Ritters-
mann.
15   Pförtnerin. Nicht öffnen gastfrei diese Thore Männern sich.
Anbolosia. Gehör begehrend von der edlen Abtissin.
Pförtnerin. Sie nahet dieser Schwelle horchend eurem
Wort.

(Die Thore öffnen ſich, die Abtiſſin erſcheint von anderen Nonnen
          begleitet.)

Abtiſſin. Was treibt den Weltſohn dieſen ſtillen Mauern zu?
Andoloſia. Der Wunſch, daß eine edle Tochter, mir ge=
                            folgt,
Der Welt entrücket, in der Andacht ſtillem Haus   20
Begehrte Zuflucht finde. Sie, uraltem Stamm
Entſproſſen fleucht das Mutterland und heim'ſche Dach
Weil ihren ſchön aufblüh'nden jungen Leib entſtellt
Mißfällig, plötlich ihrem Haupt entwachſen, ein
Hornartiges Gezweige. Kloſtereinſamkeit   25
Verlanget frommen Wunſches ihr gebeugtes Herz,
Und unerkannt zu bleiben treibet ſie die Scham.
Abtiſſin. Nur edlen Jungfraun öffnen dieſe Thore ſich,
Doch welche Pfründe hier begehrt, erlege denn
Zweihundert Kronen nach des Hauſes Satzungen.   30
Andoloſia. Die Pfründe zehnfach ſahend, nehmt die
                            Tochter auf.
Abtiſſin. Es trete ſelbſt uns näher dieſe Bittende.
Andoloſia (Agrippinam herbeiholend).
      Komm Agrippina, deiner harrt die Abtiſſin.
Abtiſſin. (Zu den Nonnen.)
      O ſeht! erbarmt euch Schweſtern nicht, daß dies
                            Geweih
Entſtelle ihrer ſüßen Bildung Ebenbau?   35
An Schöne gleich wär einer Heilgen ſie zu ſchaun,
Es zeugt der Anſtand hoher Abkunft; züchtiglich
Verweilt ſie zögernd noch zu nahen und beſchämt.
          (An Agrippinam.)
Tritt näher, edle Tochter, ſprich, begehreſt du
Gebeuget unſers Ordens Joch zu leben fromm   40
Als eine gottgeweihte Jungfrau unter uns?
Agrippina. Ihr nennet meinen letzten Wunſch, ehrwürd'ge
                            Frau.
Abtiſſin. So laß zuvor dich lehren, wie dies Haus beſteht,
Dein Herze prüfend und die Zukunft deiner Wahl,
Denn raſches Zornes handeln, wiſſ', iſt weiſe nicht.   45

Ein Vorgebürg Hiberniaß, am weitesten
Hervor sich werfend auß der Erden festem Bau,
Trägt nur allein dieß Kloster, von der Sterblichen
Ansiedelein geschieden, selbst die äußerste.
50 Der Erben letzte Säulen sind die Riesen dort,
In düstre Nebel tauchend ihre Häupter, da
Zerstörungsfroh der alte Winter haust und herrscht
In ew'gem Menschenhasse. Ferne meidet scheu
Der Seegler diesen ihre Füße badenden
55 Okeanos, denn nördlich endet nah die Welt
Die aufgethürmte, helle, unnahbare Wand
Demant'ner Felsen; westlich sie der Königin
Des Tages annoch unbelauschtes feuchtes Grab.
Dies Haus in solcher ernster Abgeschiedenheit
60 Nimmt auf in seine Mauern edle Töchter, die
Erkannt der Erden eitlen Scheinens Nichtigkeit.
Und sie vereint lobpreisen nur den Einzigen
In hohem Chor anbetend seine heil'ge Macht.
Und ihnen stets unfreundlich zeigt die Erde sich,
65 Aus dunklem Boden trüber Nebel grauen Flor
Zur Bläue hebend, aber den Begierigen
Nur innern Lichtes scheinet herbe nicht zu sein
Ein friedlich Andachtsleben hier zu leben, denn
Nicht eines harten, dieses Ordens Satzungen.
70 Und welche treibt zu gehen in ein andres Haus
Der Unbestand des Herzens, ja selbst in die Welt
Zurück zu treten sich dem Ehhern einigend —
Sie mag es thun, denn, nicht dem kargen Grabe gleich,
Giebt dieses Haus die Abgeschiednen wieder frei,
75 Und nicht die zwangesharte Macht darf walten hier.
Dem Kloster ist verfallen nur das Pfründe-Geld,
Denn also will es des Gesetzes strenges Recht.
Agrippina. Verändert darf nicht werden meinetwegen was
    Herkommen ist gewesen. Brauch, Gewohnheit, Sitte des
80   Ehrwürdgen Klosters gänzlich unterwerf ich mich.
Abtissin. Du wirst gehorsam meinem Wort sein jederzeit,
    Zur Metten und zu allen Horen in dem Chor

Andächtig beisein, wirst befliffen sein, was nicht
Du weißt beim Eintritt, lernend wie du nur vermagst.
Agrippina. Ich werd es.   85
Abtiffin.   Sei denn dieser frommen Schaar vereint.
(Agrippina tritt zu den Nonnen, Andolosia zählt Geld auf einen
Stein am Klostergebäude.)
Andolosia. Und dieses Gold aufzähl ich, Pfründen ihr
                            zu sein. —
Mich treibt es aber euch zu flehen, edle Frau,
Wollt sagen, und versichern mich, den Scheidenden,
Ihr laffet gerne diese hohe Tochter euch
Empfohlen sein, wollt ihrer liebend achten, wollt   90
Sie nicht gering, bei allem was euch heilig ist,
Sie nicht gering, unwürdig nicht behandeln; sagt's!
Abtiffin. Ich werde sorgsam ihrer warten. Selber sie
Bestimme, ob ich ihrer Freundschaft mich erfreu'n,
Für sie nur Achtung hegen darf, denn mächtig zieht   95
Mich an die Anmuth ihres Leibes. Dieses noch
Gelob ich gerne wie es auch gehalten wird:
Abgehen, wo die Regel zuläßt, Möglichkeit
Nur reichet, wird ihr nimmer, was nur wünscht ihr
                            Herz,
Der Sorg' entnommen, edler Ritter, reist mit Gott.   100
                        (an Agrippinam.)
Du aber sollst dem Freunde geben das Geleit,
Den Ernst der Abschiedsstunde schlürfend unbelauscht.
                        (zu den Nonnen.)
Ihr, Schwestern, folgt mir, heller Zunge mahnet uns
Das Erz der Stunde des Gebetes. Nehmt dies Gold.
(die Glocke hat zu läuten angefangen. Die Abtiffin und die Nonnen
treten in das Kloster wieder ein; eine der Schwestern hat das
Gold aufgenommen; das Thor bleibt offen.)
Andolosia. Nun segne Gott dich, gebe daß du lang gesund 105
In diesen Mauern lebest, für vergängliche
Erwerbend ew'ge Freuden, und nicht schlimm dein
                            Theil.
Agrippina. Das wolle Gott!

(Sie hebt an heftig zu weinen; Anbolosia wendet ſich ab und
verhüllt ſein Geſicht in ſeine Kleider.)

O tapfrer, ſtrenger Ritter, denket meiner bald,
110 Nicht euer Antlitz wendet ab der Elenden,
Nicht Gott, der Welt nicht dienen kann doch, deren Herz
Umſchnürt mit Scham in ſtummer Angſtverzweiflung
nagt.

Anbolosia (abgewandt).

Geſcheh der Wille Gottes, des Allmächtigen.

Agrippina. (weicht zurück.)

Wildgrimmiger Leu, du verdarbſt in der Bruſt
115 Und der Liebe Gewalt und den Mitleid ganz,
Richtender Gott, weh, weh Raſender mir,
Die zum Zorn ich gereizt den verderblichen Mann!
Denn raubte die That die entfliehende Zeit,
Hält karg ſie den Raub, und die Saat trägt Frucht,
120 Und entſchnellt fleugt, trifft der befiederte Pfeil.
Spiel kindiſcher Luſt, ich bewege das Rad,
Es im Schwung hinrollt und erfaßt und entrafft
Die erſchrockene bangaufſchreiende mich
Zu der Tiefe hinab.

Anhang.

C'était un jour la reine chatte,
      oui da!
Qu'était altière et délicate,
      oui da!
Aimant à faire bons repas
De souris et do petits rats,
      oui da! — nature de chat.
Dormez mon chou, mon chat, mon rat.

Elle avait la peau blanche et fine,
      oui da!
Main fort douce et fort douce mine,
      oui da!
Regard tendre, les yeux brillants
La nuit comme de fins diamants,
      oui da! — nature de chat.
Dormez mon chou, mon chat, mon rat.

Un souriceau de noble race
      etc.
Vit de loin la reine à la chasse,
La bonne pâte de souris
Sortit aussitôt de son nid.

Il dit: non jamais de ma vie
      etc.
Je n'ai vu femme aussi jolie,
Elle aura de l'amour pour moi,
Car elle a un trop doux minois.

Veux tu m'aimer je t'aimerai,
        etc.
Seul à seul te réponderai,
Près de toi veux dormir ce soir,
Près de moi viens dormir ce soir. [1]

Le souriceau pas n'y manqua,
        etc.
Sa chatte s'en rit aux éclats,
Un amoureux la bonne pièce,
Je veux le manger de caresse,
On vous mange là de caresse. [2]

---

[1] Lesart: dormirai-je avec toi ce soir | viens dormir avec [chez?
nous ce soir.

[2] Die letzte Zeile ist vermutlich Lesart zu der vorhergehenden

Anmerkungen.

S. XXVI Z. 1. v. o. schicksalig] diese hübsche Wortbildung
Chamissos (s. Deutsches Wörterbuch; analog fa-
talis, holl. noodlottig) findet sich noch als Variante
in einer Schlemihlhandschrift, s. Walzels Ausgabe
S. 508, Anmerkung.

I 57. herfürziehen = vorziehen (s. Deutsches Wörterbuch), mit Dativ wohl nicht zu belegen.

VIII 18. Weder in dem deutschen noch in dem französischen Sprichwort (tant va la cruche à l'eau, qu'à
la fin elle se casse, Der Krug geht so lange zum
Brunnen bis er bricht) kann 'gehen zu' die Bedeutung 'schwimmen auf' haben, im Deutschen
Wörterbuch ist eine solche Auffassung gar nicht
erwähnt. Der moderne Niederländer ist dagegen
geneigt, seinem Sprichwort 'De Kruik gaat zoo
lang te water, tot zij breekt' diese Bedeutung zu
unterlegen. Wie kommt aber Chamisso dazu?

38. fichtet] vgl. birstet [?] Werke 5, 322; ähnlich fahret
VII 64, ratet XI 81, erhaltet XIX 26, haltet IV 14
(Lesart).

XII 26—30. Der Raub des Goldes lehrt mich nicht nur,
mich über den Reichtum kühn hinwegzusetzen,
sondern auch über Köstlicheres als Reichtum: über
das Vers 20—22 genannte. Was mich an dir berückte,
das warst gar nicht du, sondern eine lichtreine
Traumbildung, die aus dem Grunde meines reichen
Herzens (vgl. Vers 33, 37, XX 146, XXI 3, 40, 49
und in anderen Jugendgedichten) entstiegen war
und trügerisch vorgab du zu sein ('dich log' schon
in Chamissos Faust, Deutsches Wörterbuch: lügen 9).

XIV 7. übergehen = übertreten (so im Volksbuch) nennt
schon Adelung veraltet, der spätere Heinsius freilich führt es ohne Einschränkung an; dem Dichter
wahrscheinlich aus der Lutherbibel bekannt, deren
'ächtes deutsches Deutsch' Eindruck auf ihn machte
(Brief vom 28. November 1805).

13. Ein grosser Hans sein will] so auch im Reutlinger
Volksbuch, nicht bei Simrock; Chamisso hatte
erst geschrieben 'Ein starker Geist sich dünket'.

XVII 8 f. Häufiger Gallicismus, auch in Chamissos Faust
und in dem Briefe vom 23. September 1805:
'mir, der es nicht bin'. Vgl. Lehmann, Goethes
Sprache § 22 und Fouqué oben S. XVI.

14. Gallicismus. Vgl. Vers 18.

38. Weglassung des Personalpronomens bezw. gram-
matischen Subjekts auf die Spitze getrieben in
dem Brief Minas, Schlemihl IV.

42. rückkehren] 'rückstrahlt', Chamissos Faust; 'der
Zauberkiel rückbringt mich', Brief vom 7. Juli 1809.

52. ob = wenn auch, vgl. XIX 102, 127, 'die wichtige, ob nichts entscheidende Einlage' Brief vom
5. November 1806.

XVIII 19. saugen] nach Novalis? 'O sauge, Geliebter ge-
waltig mich an', Hymnen an die Nacht IV, 'Wer
jemals von heissen geliebten Lippen Athem des
Lebens sog', Abendmahlssegen.

XX 51. der Mitleid! auch XXI 114, 'den Kloster' nach
XXI 104.

99. auszollen] nicht in den Wörterbüchern; aus
'zollen', einem Lieblingswort des jungen Chamisso,
das er ganz gleichbedeutend mit 'geben, bezahlen'
gebraucht, ist hier 'auszollen' = 'ausbezahlen' ge-
bildet.

131. dem Schrecken gebändigt] Chamisso liebt den
syntaktisch losen Dativ. Vgl. 'der Sorg entnommen' XXI 100, 'das furchtbar dir geahnte
Thor des Todes, Chamissos Faust; selbst 'ich bin
dem wohl gewohnt', Brief vom 12. August 1806,
letzteres vielleicht für frz. à, wie er auch fehler-
haft den Genetiv für frz. de braucht: 'der An-
stand zeugt hoher Abkunft' XXI, 38, 'ich rede
des ersten Teiles', Brief vom 10. September 1805,
'ihrer mit mir zu sprechen', 7. September 1806.
Anders der Genetiv 'Und was des Seckels ist',
oben XIV 93.

159. d. h. wenngleich deine Gestalt, als ein trügliches
Gleissen, auch nur Entartung umschleiert.

XXI 9. d. h. Wenn Unglückselige den letzten Hoffnungs-
schimmer zerstört hatten oder sahen, vgl. Vers 111:
'Du verdarbst in der Brust der Liebe Gewalt'.
60. d. h. Die Nichtigkeit des eitlen Scheines der Erde,
vgl. II 39: 'Mitstifter seines Hauses hohen Glücks'.
Nachzutragen S. IX Anmerkung 1. M. Stegmayer,
Fortunatus Wunschhütlein. Zauberposse, 1819 in
Wien aufgeführt (vgl. Abendzeitung 6. April 1819:
'Vom inneren Gehalte ist hier gar nicht die Rede'.).

Lesarten.

(Die Haupthandschrift besteht aus 27 losen Quartbogen
zu je 4 Seiten und ist ohne Titelblatt oder Ueberschrift;
auf das Couvert, in dem sie sich nebst andern Werken
befand, hat Chamisso einfach 'Fortunatus' notiert. Der
ausführlichere Titel, den diese Publikation trägt, war aus
Chamissos Brief vom 28. September 1806 zu entnehmen;
Charaktere deutsch. — F = Fragment in Oktav, 9 Seiten
in lateinischen Buchstaben, enthaltend IX 1—40 und XII
1—XIII 28. — Beide von Chamissos Hand): I 29. andern]
korrigiert aus: andres 73. mag] aus: soll IV 14. hielte] aus:
haltet VI 85. Hs. flamen, lies: Flammen? 88. Hs. Farben
schimmer lies: Schimmer? VII 40. Vogel!] Vogel, IX in F
Ueberschrift: Agrippina, Andolosia. 4. hoch] korrigiert in
reich F 14. Welt?] Welt. beide Hss. XII Die Wohnung
Andolosias am andern Morgen F mit heftigen Schritten F, zur
Erbe gerichtet F 1. Lupoldus (Andolosias Haushofmeister) F
9. köstlich F 46. Ampedo] Bruder ja F 54. (Er ruft hinaus) F
58. Jahre beide Hss. XIII 2. Kalubet beide Hss. 9. dies]
den F XIV 13 korrigiert aus: Ein starker Geist sich dünket,
hättest du XVII 2. Hurrensohnes 4. hochgehürnte 7. Poren]
Polaren oder Palmen? der vierte und fünfte Buchstabe un-
deutlich 11. mir 35 ff. Hörner] Hürner durchweg XVIII
15. am Rande notiert: der Fittig XIX 82 korrigiert aus:
Und Irdsches Hegen soll mich nicht verdammen. 101. sühnt]
korrigiert aus: tilgt 113. Der Kampf ist Leben] korrigiert
aus: Und ringend leb ich XX 44. schälige 45 ff. ohne
Interpunktion 77 korrigiert aus: Was doch löst die raschen
Worte XXI 22. fleugt 35 korrigiert aus: Zerstöre . . .
Schönheit Ebenmaaß, lies edlen Bau? 104./5. den Kloster.